Ruediger Dahlke
Medizin und Menschlichkeit
Ein Gespräch über neue Wege zur Heilung

Ruediger Dahlke

Medizin und Menschlichkeit

EIN GESPRÄCH ÜBER
NEUE WEGE ZUR HEILUNG

Impressum

ISBN 978-3-86191-118-0

Deutsche Originalausgabe:
1. Auflage 2020
© Crotona Verlag GmbH & Co. KG
Kammer 11, D-83123 Amerang
www.crotona.de

Alle Rechte der Verbreitung, auch durch Funk, Fernsehen, fotomechanische Wiedergabe, Tonträger jeder Art und auszugsweisen Nachdruck, sind vorbehalten.

Umschlaggestaltung: Annette Wagner

Druck: CPI • Birkach

Inhalt

Vorwort 7

Das Gespräch 13

Vorwort

Auf kaum einem anderen gesellschaftlichen Feld zeichnen sich seit einigen Jahren so signifikante, fast revolutionäre Umwandlungen ab wie in der Medizin. Dieser Prozess wird zum einen getrieben durch den Kostendruck, der aus den kaum noch finanzierbaren Möglichkeiten der modernen Apparatemedizin resultiert, zum anderen verlangen immer mehr Patienten danach, mit mehr MENSCHLICHKEIT behandelt zu werden. Jeder erkrankte Patient ist ein einzigartiges Individuum.

Als Ruediger Dahlke begann, die geistig-seelische Dimension in der Behandlung von Krankheiten aufzuzeigen, wurde er vom Establishment der Ärzte und Pharmazeuten noch belächelt. Doch das sollte sich ändern. Mit jedem seiner Bücher wuchs die Zahl seiner Leser und damit jener – potenziellen – Patienten, die bereit waren, die Ursachen für eine mögliche Erkrankung auch auf einer inneren Ebene zu suchen. Und damit bei sich selbst!

In dem Augenblick, da *Krankheit als Weg* angesehen wurde, veränderte sich vieles. Es war jetzt nicht mehr Pech (Dumm gelaufen, Virus eingefangen!) oder Zufall (Auf der Treppe ausgerutscht!), sondern Krankheit bekam auf einmal einen SINN. Die Menschen begannen zu hinterfragen, ob es vielleicht einen innerseelischen Konflikt als tiefere Ursache für eine Erkrankung oder ein Missgeschick geben könne. Der Weg hin zur Psychosomatik war nicht mehr zu unterbinden. Ein Weg, der eigentlich ein Rückweg zu den Wurzeln der Medizin war: Zu den griechischen Therapeuten, für die Seele und Körper von jeher eine Ganzheit bildeten.

Diese respektvolle Wiederentdeckung der Antike war keine simple Übernahme alter Theoreme, sie war eher eine Neugeburt im Sinne der Renaissance. Alte Weisheiten in einem neuen Gewand für eine neue Zeit. Daher ordnete Ruediger Dahlke die Erkenntnisse einer nur scheinbar im Dunkel der Zeit versunkenen Epoche neu und gliederte sie zu „Schicksalsgesetzen" und „Lebensprinzipien", die auf nahezu alle Situationen im Leben des Menschen im digitalen Zeitalter anwendbar waren.

Wenn ein Autor plötzlich öffentliche Aufmerksamkeit erregt, dann treten meist zwei Prozesse in Kraft: Zum einen greifen die Medien ein und schreiben den Verfasser entweder hoch oder herunter; zum anderen melden sich diejenigen zu Wort, deren Pfründe durch die neuen Gedanken plötzlich in Gefahr geraten. So sah sich Dr. Dahlke innerhalb kürzester Zeit als gefragter Gast in allen Talk Shows und als Referent bei allen Kongressen, die in irgendeiner Weise zum Thema „Heilung" veranstaltet wurden.

Ruediger Dahlke provozierte, weil er unbequeme Wahrheiten ansprach und damit den 'orthodoxen' Medizinbetrieb störte. Die Reaktion auf sein Wirken erfolgte immer heftiger, je größer sein gesellschaftlicher Einfluss wurde. Man versuchte, seinen Weg hin zu einer ganzheitlichen Medizin und zur Förderung eines mündigen Patienten immer wieder zu stören – ein Prozess, der bis heute anhält. Sowohl einflussreiche Teile einer rückwärts gerichteten Schulmedizin, aber vor allem die noch einflussreichere Pharma-Lobby versuchen mit allen Mitteln, den Durchbruch eines Menschenbildes zu verhindern, in dem der Mensch wieder in seiner ganzen Würde als Körper, Seele und Geist anerkannt wird.

Ruediger Dahlke war ein Pionier, dem inzwischen viele Ärzte, Heilpraktiker, Heiler und Therapeuten gefolgt sind. In etlichen Jahren hielt er in zwölf Monaten mehr als dreihundert Vorträge, eine allein von der physischen Beanspruchung her beeindruckende Leistung. Seiner dynamischen Begeisterung konnte sich kaum jemand entziehen, der ihn einmal gehört hatte; und manches, was er in mühevoller Kleinarbeit ins Bewusstsein der Gesellschaft trug, ist heute längst anerkannt.

Er kann, auf viele Jahrzehnte Erfahrung zurückblickend, amüsiert feststellen, dass er von Kollegen immer wieder mit ernster Miene darauf hingewiesen wurde, dass etwa eine vegetarische Lebensweise nachhaltige Schäden bei sich so ernährenden Menschen hinterlassen würde. Heute gibt es kein Restaurant mehr, dass nicht vegetarische Gerichte im Angebot hat.

Vor allem auch seine Fasten-Bücher und die sich darum rankenden Kurse haben diese Selbstreinigung des Körpers mit neuer Aufmerksamkeit in breiten Kreisen der Gesellschaft versehen. Auch hier greift Dr. Dahlke auf uraltes Menschheitswissen zurück, das schon in vielen Jahrhunderten segensreich eingesetzt wurde, doch leider weitgehend in Vergessenheit geriet.

Wer Ruediger Dahlke seit längerer Zeit kennt und seinen Erfolgsweg mit Aufmerksamkeit begleitet hat, der wird vor allem eines schätzen: Seine Bodenständigkeit und seine Menschlichkeit! Er hat, trotz seiner immensen Erfolge und seiner großen Popularität, nie 'abgehoben'. Noch immer steht in seinem Leben ein einziges Ziel im Vordergrund: Den kranken Menschen zu helfen und ihnen den Glauben an ihre eigenen Heilungskräfte zurückzugeben.

Das Gespräch mit Ruediger Dahlke fand in Luzern statt, auf dem Bürgenstock mit Blick über den Vierwaldstätter See. Dieser einzigartig schöne Ort trug sicher dazu bei, einen inspirierenden „Geist der Begegnung" zu schaffen. Dabei ist es immer wieder faszinierend zu erleben, wie ein so begnadeter Redner und dynamischer Dialogpartner sich ganz zurücknehmen und mit großer Aufmerksamkeit zuhören kann.

Es ist uns eine große Freude und Ehre, mit Ruediger Dahlke eine Gesprächsreihe über Wege zu einer ganzheitlichen Medizin zu eröffnen. Möge sie vielen Menschen eine Inspiration sowie eine Ermutigung sein, sich einen Weg zu ihrer vollständigen und nachhaltigen Heilung zu erschließen.

Dr. Peter Michel

Das Gespräch

Peter Michel (PM): Andreas Michalsen hat in seinem ersten Buch gefordert, das Ziel des Mediziners sollte die „Suche nach den Wurzeln unserer Gesundheit" sein. Das hat für mich einen Ansatz, der zwischen Philosophie und Lebenskunst liegt. Befindet sich die Avantgarde der heutigen Mediziner auf einem Weg zur „Heilkunst", wie sie beispielsweise die griechischen „Therapeuten" verstanden, für die Heilung und Lebenskunst (Philosophie) praktisch untrennbar waren?

Ruediger Dahlke (RD): Ich denke, es muss in diese Richtung gehen. Ich habe erst nach etlichen Jahren die Vorstellung von der „Salutogenese" nach Aron Antonowski entdeckt. Spät, aber nicht zu spät! In diesem Ansatz kann man gut die Grundproblematik unserer aktuellen Situation erkennen: Die Schulmedizin ist gut aufgestellt bei der Pathogenese, hat aber viel zu wenig geleistet im Hinblick auf die Salutogenese, gemessen an deren Definition vom Heilwerden. Im Hinblick auf Behandlung setzt sie auf Wegschneiden im reparativen Bereich und Unterdrückung mit allopathischen Medikamenten. Nun ist Wegschneiden eines Tumors und die Unterdrückung eines allergischen Schocks sicher unbestritten notwendig, aber zu Heilung und Heilwerden führen weder Wegschneiden noch Unterdrücken, dazu wäre vielmehr Hinzufügen und Integrieren nötig. Deshalb spreche ich auch gern von „Integraler Medizin".

Der faszinierende Grundgedanke bei der Salutogenese ist, Krankheit zuerst zu verstehen; und für mich bedeutet das, sie auch in ihrer Symbolsprache zu durchschauen. Am Anfang des ganzen Prozesses muss das VERSTÄNDNIS stehen. Nur wer etwas versteht, kann es im zweiten Schritt auch wandeln und verändern. Anschließend ist als dritter Schritt das ganze Krankheitsgeschehen in einen größeren Zusammenhang einzuordnen. Man könnte diesen „größeren Zusammenhang" auch als den SINN des gesamten Prozesses bezeichnen. Solange man sich nur auf Einzelheiten, Detailanalysen oder bestimmte Auswertungen konzentriert, verliert man das Gesamtgeschehen aus den Augen. Das passiert in der Schulmedizin durch deren Reduktionismus, das Bestreben, alles bis aufs kleinste Detail zu reduzieren. Dabei verkommt der Patient leicht zur „Niere von Zimmer 18".

Es gilt stattdessen, die Probleme und Schwierigkeiten eines ganzen Lebens der PatientInnen im Gesamtzusammenhang zu verstehen. Darum geht es mir jedenfalls in der deutenden Medizin von *Krankheit als Symbol* – um eine ganzheitliche Sichtweise. Wenn wir alles berücksichtigen, von der körperlichen über die geistig-seelische bis zur spirituellen Dimension im Hinblick auf letzte Sinnsuche, bewegen wir uns tatsächlich in Richtung HEILKUNST.

PM: Bewegen wir uns damit nicht zu den alten Wurzeln der Heilkunde in der Antike zurück?

RD: Ja, und ich habe gar kein Problem mit den „alten Wurzeln", sondern schätze sie als Grundlage sehr. Ich betrachte ein Geschehen gern vom Ursprung, seinen Wurzeln und den Begriffen her. Wurzel heißt lateinisch *radix* und so birgt dieser Ansatz eine gewisse Radikalität, aber eine – in meinen Augen – sehr positive und konstruktive.

Wenn wir zum Beispiel von „Medizin" sprechen, ist das Wort „Meditation" ganz nahe. Mit der Silbe *Medi* klingt in beiden Bereichen die MITTE an. Es ist mir ganz wichtig, diesen Grundansatz richtig zu verstehen. Medizin und Meditation geht es ursprünglich gleichermaßen darum, Menschen in ihre Mitte zu bringen. Der Meditation ist dies bis heute noch wichtig, lediglich die Schulmedizin hat diesen ursprünglichen Ansatz aus den Augen verloren und ihn und sich – in meinen Augen – im Kampf gegen Symptome verloren. Man hört es den Namen ihrer Pharmaka an: das sind fast alles *Anti*-Mittel: Antibiotika, Antidepressiva, An-

tiepileptika, Antacida, Antihypertensiva und der Rest sind Hemmer und Blocker, Betablocker und ACE-Hemmer. Diese sind akut oft hilfreich, aber keine grundsätzliche, nachhaltige Lösung.
Die „Mitte" wiederum steckt auch im „Heil*mittel*". Das echte Heilmittel führt den Patienten wieder zurück in seine Mitte. Das zeigt sich sehr schön auch noch im englischen Wort „Re-medy" oder im Lateinischen „Re-medium". „Rescue Remedy" der Bach-Blüten soll retten, indem es zurück zur Mitte führt; und in dieser „Mitte" findet dann die neuerliche Verankerung mit den „Wurzeln" statt. So schließt sich der Kreis. Bewusste Therapeuten, Heiler oder Ärzte haben dies immer gewusst und berücksichtigt.

PM: Die Bewegung zur Ganzheitlichkeit in der modernen Medizin ist also in der Tat eine Bewegung hin zur HEIL-KUNST?

RD: Ich erinnere mich noch gut an einen Professor im Studium. Ich glaube, er hieß Bachmann und war Zytologe. Er hat uns folgenden Satz gesagt, den ich mir gut gemerkt habe: „Liebe Kollegen, liebe junge Studenten, denken Sie immer daran: Medizin ist mehr eine Kunst als eine Wissenschaft!"

Heute zeigt sich die Wahrheit dieses Satzes in verschiedenen aktuellen Strömungen. Von mir sehr geschätzte Kollegen wie etwa Andreas Michalsen, der einen Lehrstuhl an der Universität in Berlin innehat, äußern sich heute auch wieder mutiger in diese beschriebene Richtung. Es sind also nicht ein paar radikale Bilderstürmer, sondern auch etablierte Kollegen in herausragenden Positionen des modernen Medizinbetriebes, angesehene Ärzte wie der Chirurg Prof. Raimund Jakesz, der lange Chef des AKH in Wien war, sozusagen oberster Chirurg Österreichs, oder der Gynäkologe Volker Zahn, früherer Professor an der Münchner Universität und lange Chefarzt in Straubing, mit dem ich Bücher wie *Frauen-Heil-Kunde* schreiben durfte, oder Prof. Dr. Dr. Heinz Kölbl, Gynäkologen Primar in Wien. Wir sind uns bezüglich der Wiederentdeckung dieser ganzheitlichen Sicht durchaus einig. Sie vertreten mutig und offensiv diesen ganzheitlichen Ansatz in einer Art, der vor zwei oder gar drei Jahrzehnten in diesem universitären Umfeld nur schwer vorstellbar gewesen wäre. Und trotzdem müssen sie sehr vorsichtig sein, denn der Gegenwind gegen alles, was nicht pharmakonform ist, ist stark und wird – nach meinem Gefühl – sogar ständig stärker. Es ist eine ziemlich ambivalente Situation. Einerseits gibt es immer mehr Studien, die für die Naturheilkunde, für Fasten und pflanzlich-vollwertige Kost sprechen, andererseits wird der Kampf der Lobbyisten gegen die ganzheitliche Medizin immer heftiger. In Deutschland ist ein hoffentlich „ehemaliger" Pharma-Lobbyist Gesundheits-Minister.

Ich neige zu einer Medizin, die Hoffnung macht, statt Angst zu säen und PatientInnen mit Drohungen gefügig zu machen. Meine neuen Bücher *Das Alter als Geschenk* und *Krebs – Wachstum auf Abwegen* sind voller solcher Zuversicht und Hoffnung stiftender Studien, für die ich sehr dankbar bin. In einem langen Gespräch etwa mit dem Biologen Prof. Valter Longo von der University of California, Los Angeles, ging es vor allem ausgiebig um Fasten. Da gibt es keine Gegensätze in unser beider Denken. Viele moderne Wissenschaftler verschiedener Fachgebiete haben heute persönlich ihren eigenen Weg gefunden, der durchaus ganzheitlich ist und bis in spirituelle Dimensionen reicht. Sie haben alle kein Problem mit dem, was wir eingangs die „Wurzeln" genannt haben. Natürlich könnte hier der Begriff „Spiritualität" ins Spiel kommen und weiter ausgebreitet werden; aber vielleicht wäre das gar nicht hilfreich. Noch immer steht nämlich durchaus die Frage im Raum: „Wie viel darf ich jetzt eigentlich sagen?"

Die erwähnten Freunde in München und Wien, Volker Zahn und Raimund Jakesz, bis vor Kurzem Chefärzte in exponierter Position, empfand ich immer als unglaublich mutig. Sie sagten Dinge, wo ich manchmal geradezu Angst um sie hatte. Mit Raimund habe ich zusammen sogar ein

Seminar in TamanGa über Chakras gehalten, in dem er so unverblümt und offen sprach, dass ich mich sorgte, falls das in die Ohren der im alten mechanistischen Weltbild hängen gebliebenen Skeptiker gelangte – jener Gruppe der gegen alle Komplementär-Medizin, Spiritualität und sogar Neue Physik angehenden Berufskritiker. Aber völlig angstfrei stand er zu seinen Ansichten und spricht sie bis heute ohne Zögern aus. In allen diesen sehr positiven Entwicklungen zeigt sich auch ein neues, in den letzten Jahren gewachsenes Selbstbewusstsein, das mich sehr freut.

Wenn ich Mark Mattson, den Professor für neurodegenerative Erkrankungen, oder Valter Longo in den USA höre, denke ich tatsächlich, eine neue Zeit bricht an – und Fasten wird die erste Therapie der Zukunft sein, wie es Valter Longo formuliert.

Ähnlich geht es mir, wenn ich mit den drei in der Ernährungs-Lehre mir geradezu als alte Weise erscheinenden Professoren Claus Leitzmann, Colin Campbell und dem Chirurgen Caldwell Esselstyn spreche. Dann spüre ich in ihrer Überzeugung und in ihrem Mut, dass der pflanzlich-vollwertigen Ernährung, wie ich sie in *Peace-Food* propagiere, die Zukunft gehört. Der Mut dieser drei alten Ernährungs-Weisen wirkt in bezaubernder Weise ansteckend, in einem Meer aus Absicherung und Angst, wie es die Schulmedizin darstellt, wo ohne Not Skeptikern in ihrer Beschränktheit und der Pharma-Industrie mit ihrer eindeutig monetären Interessenlage das Sagen überlassen wurde.

PM: Liegt das vielleicht auch an der verfahrenen Situation in unserem Medizinbetrieb insgesamt?

RD: Die Schulmedizin ist in ihrem Bereich ziemlich weit gekommen – wie eben mit der Pathogenese. Und vor allem auch mit dem Einsatz moderner Technik, etwa den neuesten bildgebenden Verfahren, aber auch im Bereich der Operationstechnik. Die digitale Revolution wird sie da noch weiter bringen.

Sie ist allerdings – in meinen Augen – ziemlich gegen die Wand gefahren mit ihrer Beschränkung auf den Reduktionismus, der eben zur „Niere von Zimmer 18" führte. Dadurch hat sie auch ein großes Problem bezüglich ihrer Akzeptanz in der Bevölkerung entwickelt. Wenn der Mensch zur Nummer wird, zum kleinen Rädchen im großen Apparat, für den Mediziner kaum noch Zeit haben, kann daraus kaum Gutes entstehen. PatientInnen fühlen sich missachtet, und die Kreativität der Ärzte geht verloren, während die Individualität der PatientInnen ebenfalls auf der Strecke bleibt. Die Schulmedizin zeigt neben möglicher Reparatur keinerlei Perspektive mehr für die Patienten-Mehrheit auf, etwa im

Sinne von Einordnung des Geschehens und Sinnfindung. Das betrifft PatientInnen wie Ärzteschaft gleichermaßen!

Vor einiger Zeit fragte mich ein Patient, ob ich Heilpraktiker sei. Ich verneinte erstaunt und fragte ihn, wie er darauf komme. „Weil sie sich so viel Zeit für mich nehmen", antwortete er. Das war für mich erschütternde Antwort und eine schallende Ohrfeige für die Mediziner. Er definiert also bereits Ärzte als jene, die sich keine Zeit mehr nehmen, im Gegensatz zu Heilpraktikern. Das müssen und das können wir wieder ändern, denn wer sich keine Zeit mehr nimmt, kann auch nur schwer Empathie erleben und ausdrücken! Was aber ist eine Medizin ohne Einfühlung und Mitgefühl? Da bleibt dann nur Technik und Pharmakologie, wobei diese beiden wirklich weit fortgeschritten sind und auf enorme Fortschritte verweisen können. Aber im Bewusstsein der Bevölkerung zählt das weniger als ein Gespräch, wo sich der Arzt ans Bett setzt und auch mal zuhört. Das ist auch für ihn gut, dabei kann er wirklich viel lernen, jedenfalls ist es mir so gegangen. Die ersten drei Jahrzehnte meines Arztseins habe ich immer zweistündige Erstgespräche geführt und dabei viel zugehört und über Psychosomatik lernen dürfen.

Manchmal bin ich froh, schon jenseits der Pensionsgrenze zu sein. Das macht mich noch freier, als ich sowieso schon war. Auch dass ich mir in meinen guten vierzig Arztjahren die Freiheit genommen habe, zuzuhören und mich von den Zwängen des Systems zu lösen, macht mich rückwirkend glücklich.

Jetzt müssen die Jüngeren diese Kämpfe um ein neues, beziehungsweise das alte Menschenbild durchstehen, wenn sie denn Ärzte bleiben oder werden wollen und nicht völlig zu Medizinern und – schlimmer noch – zu *Medizynikern* im Dienste der Pharma- und Geräte-Industrie werden wollen. Dabei bin ich von Herzen froh, dass viele wunderbare Kollegen auf ihrem Weg geblieben und jetzt Pioniere für ein neues Denken sind, das dem der Ahnherrn der Medizin wie Hippokrates und Paracelsus so berührend ähnlich ist.

Die erwähnte Bedrohung durch reines (Zahlen)Werte-Denken geht aber noch weiter. Selbst rational logische Argumente werden heute schon oft durch Zahlendenken überstimmt. Es geht überall um Quote und die Zahl der Anhänger, die Zahl der Zitierungen und verkauften Bücher. Das führte unter anderem zu so peinlichen Stilblüten in der Wissenschaft wie Zitierkartellen, wo man einander bis zur Sinnlosigkeit zitiert, um oft erwähnt zu sein. Die häufige öffentliche Nennung wurde gleichsam zum Nachweis der persönlichen Bedeutung und zugleich für die Richtig- und Wichtigkeit des Ansatzes.

In meiner Anfangszeit habe ich versucht, schulmedizinischen Kollegen *Krankheit als Weg* näherzubringen. Ich wollte diskutieren und ihnen meine Argumente unterbreiten. Deshalb ließ ich das ganze Buch in dicke Anführungszeichen setzen, die vorne und hinten je eine ganze Seite in Anspruch nahmen. Aber sie wollten weit überwiegend nicht, nicht einmal zuhören. Sie wussten ohnehin schon alle Antworten. Was habe ich mir für eigenartige Sätze anhören müssen: „Wenn die Psychosomatik so einfach wäre, wie Sie behaupten, dann hätten wir das auch längst herausgefunden!" In diese Richtung ging es oft. Gelegentlich muss ich mir vor Augen führen, wo wir vor rund vierzig Jahren standen, als *Krankheit als Weg* entstand. Es hat sich – leider muss ich sagen – keineswegs über die Mediziner durchgesetzt, sondern fast ausschließlich über PatientInnen und eher noch über HeilpraktikerInnen und nur vereinzelte Ärzte.

Als dann plötzlich der unerwartete Erfolg eintrat und Bücher wie das erwähnte Millionen-Auflagen erzielten, hat sich das radikal verändert. Plötzlich sollte ich Vorworte schreiben, bekam Angebote für Kooperationen und durfte Einführungs-Vorträge bei Kongressen halten. Inzwischen halte ich seit über einem Jahrzehnt sogar von der deutschen Ärztekammer anerkannte Fortbildungen für Kollegen, und tue das sehr gern. Tatsächlich habe ich noch jede Einladung aus Ärztekreisen angenommen, wenn es mir zeitlich irgend möglich war.

PM: Die Stimme von Ruediger Dahlke war einfach nicht mehr zu überhören. Angesichts des großen Erfolges konnte man den ganzheitlichen Ansatz nicht länger ignorieren oder totschweigen.

RD: Ja, das war wohl der Schlüssel, und insofern darf ich mich über dieses Quoten-Denken persönlich gar nicht beschweren, aber dankbar muss ich meinen LeserInnen sein. Und ich bin das auch und insbesondere, dass sie mich über all die Jahrzehnte gelesen haben und es immer noch tun.

Wo so viele PatientInnen als LeserInnen versammelt waren, zeigte sich auch gerne die Schulmedizin. Nicht wenige sprangen bereitwillig auf diesen Zug auf. Das hat ja auch viele Vorteile, und ich hoffe, es wird Andreas Michalsen ähnlich gehen, und sein riesiger Erfolg bei den Betroffenen wird der Naturheilkunde entsprechenden Auftrieb geben in einer Zeit, wo sie von der Industrie und ihren Seilschaften in Gestalt der Skeptiker und allen möglichen Bürokratien und Verbänden von Vater Staat so sehr und so irrational bekämpft wird.

Inhaltlich dürfte ich eingefleischten Schulmedizinern heute keinen Deut sympathischer geworden sein. Seit über vierzig Jahren Arzt, bin ich Orthodoxen und Skeptikern heute wahrscheinlich ein größeres Ärgernis als damals. Und das ist auch gut so. Nach meinen Erfahrungen braucht man ihnen nicht einmal zu widersprechen, sie entlarven sich meist bereitwillig selbst in ihrer Beschränktheit auf das alte mechanistische Weltbild und den einseitigen Reduktionismus.

Heute zählt überall die Quote. Diesbezüglich hatte ich viel Glück. In meiner kurzen College-Zeit in den USA habe ich immerhin die Zeichen der Zeit insofern erkannt, als ich die Computer in ihren Möglichkeiten erfasste und wohl als einer der ersten Bücher auf dem Computer schrieb, jedenfalls bei meinem Verlag Bertelsmann. Inzwischen ist klar: Im Digitalen Zeitalter sind Kontakte und User-Daten Macht! Ich habe spät angefangen, aber doch ein recht umfangreiches Netzwerk aufgebaut, dessen Teilnehmerzahl selbst das meiner Verlage übertrifft. Inzwischen ist mir bewusst, welche Bedeutung diese Vernetzung im Digitalen Zeitalter hat. Wie gesagt: Quote ist heutzutage so wichtig. Dabei bin ich keinesfalls Anhänger dieser Entwicklung, sondern immer noch der Meinung, Qualität sei auch heute ungleich wichtiger als Quantität. In meinen verschiedenen Fasten-Wochen in TamanGa habe ich seit Langem pro Jahr an die 300 TeilnehmerInnen auf persönliche Art und Weise gern begleitet und mache das auch weiter. Aber heute gebe ich zusätzlich „Online-Fastenkurse" und Idealgewicht-Challenges – und damit waren wir in der LebensWandelSchule die ersten, und die Zahl ist umgehend in die Tausende hochgeschnellt. Die Reichweite ist durch diese neue Form der Teilnahme unvergleichlich größer. Die Qualität aufrechtzuerhalten, ist dabei schwerer; aber nach dem *Polaritätsgesetz* und dem *Schattenprinzip* hat es natürlich auch wieder große Vorteile. So haben wir sicherlich in der LebensWandelSchule die bei Weitem größte Fragen-und-Antworten-Sammlung auf Tausenden von Videos, die so vielen dient und Sicherheit gibt. Diese Zahl steigt jedes Frühjahr und jeden Herbst noch erheblich an; und die TeilnehmerInnen haben die freie Wahl, wann sie sich meine Vorträge zum Thema anhören. Ihre Kinder können dabei auf dem Schoß sitzen oder besser noch herumtoben, sie wählen selbst aus, ob und welches Yoga sie machen wollen und wann oder lieber Tai Chi oder Bewusstseins-Gymnastik.

Insgesamt gibt diese quotenhörige Situation auch allen, ob VerbraucherInnen oder PatientInnen, mehr Einfluss-Möglichkeiten und viel Macht, und darin sehe ich eine große

Chance. Betroffene können heute, und besonders wenn sie sich ihrer Macht bewusst werden, unglaublich viel erreichen. Was wir nicht mehr kaufen, wird auch die scheinbar so allmächtige Industrie nicht mehr produzieren. Der Einkaufszettel gibt uns heute ungleich mehr Wahl- und Einflussmöglichkeiten als der Wahlzettel. In der Schweiz, wo ich drei Jahre zu Gast sein durfte, hat auch letzterer noch viel mehr Bedeutung, weil die Bevölkerung dort in einer Art Basis-Demokratie wirklich mitentscheiden kann – das ist dann umso besser und hat der kleinen Schweiz viele große Probleme erspart, wie exorbitante Schulden, egomane Polit-Darsteller und vieles mehr.

• • •

PM: Wir führen ja auch viele Gespräche und Dialoge mit klassischen Schulmedizinern. Da kommt das Wort HEILKUNST meist gar nicht gut an. Man versteht das als Herabminderung. Man sieht sich keinesfalls als Künstler, man möchte Wissenschaftler sein. Das hängt sicher auch mit der noch immer hohen gesellschaftlichen Wertschätzung des Berufsstandes „Wissenschaftler" zusammen.

RD: Gegen eine mutige und unabhängige Wissenschaft spricht aus meiner Sicht auch gar nichts, im Gegenteil, sie wäre ein Segen. Das Problem ist heute, dass so viele Wissenschaftler zu Erfüllungsgehilfen der Industrie verkommen sind und gleichsam nur noch Auftragsarbeit leisten. Das wäre vielleicht auch noch nicht so schlimm, wenn es dabei nicht fast ausschließlich ums Geld, statt um die Gesundheit der Betroffenen ginge.

Bei meinem jüngsten Buch *Krebs – Wachstum auf Abwegen* bin ich noch einmal richtig erschrocken über die Unterdrückung hoffnungsvoller Ansätze durch den Industrie-Einfluss, und ich ging der Sache nach. Tatsächlich beklagt sogar der Chef der deutschen Arzneimittel-Kommission, Prof. Ludwig, öffentlich den bestimmenden Einfluss der Pharmaindustrie und das Fehlen unabhängiger Forschung. So werden nur 48% der Studien veröffentlicht: Wenn das Ergebnis den Auftraggebern nichts bringt, wird es schlicht unterschlagen. Dass bei diesem System auch Mediziner an höchster Stelle mitmachen und -verdienen, ist so traurig wie die Tatsache, dass beide zuständigen Minister der deutschen Regierung das völlig in Ordnung finden. Eine evidenz-basierte Medizin, die sich streng an wissenschaftlichen Kriterien orientiert, wäre aus meiner Sicht durchaus erstrebenswert, nicht aber die oft herrschende eminenz-blasierte pharma-abhängige Version. Die ist dem *Schattenprinzip* aufgesessen und eine Schande für unsere Länder und oft ein Elend für Betroffene. Und bitte nicht missverstehen: Natürlich brauchen wir die Pharma-Industrie, aber nicht ihre über 100 000 Präparate. 2000 würden den Betroffenen und den Ärzten besser dienen, wie in Schweden praktiziert.

Außerdem sehe ich diese Distanz zur Heilkunst nicht bei den „großen" Geistern, sondern eher bei den „mittleren" und „kleinen". Und das ist überall so. Mit weitblickenden Leuten wie Prof. Campbell, Dr. Caldwell Esselstyn und Prof. Claus Leitzmann lässt sich zum Beispiel in der Ernährungsszene wundervoll über *Peace-Food* und darüber hinaus diskutieren – und wir finden keine Widersprüche. Mit Prof. Herbert Pietschmann, der Ordinarius für theoretische Physik der Uni Wien war, ließ sich wundervoll nicht nur über die neue Physik reden, sondern auch über die neue Medizin. Es sind eher kleine Geister in Verbänden und Gremien der Bürokratie, die sich mit selbsternannter Wichtigkeit eifersüchtig sperren.

Aber lassen wir die einmal beiseite, sie werden die Zukunft nicht prägen, sondern die Sackgassen, und sie können höchstens eine Zeit lang behindern. Richten wir unser Augenmerk auf Leute wie Eben Alexander. Der ist Neurochirurg, anerkannt und hat einen guten Ruf – doch dann schreibt er plötzlich einen spirituellen Bestseller über seine Nahtod-Erfahrung. Gerade das hat immens viel bewirkt und wischt viel Hetze von Skeptikern und Auftragsrednern locker beiseite; oder nehmen wir Caldwell Esselstyn. Der hat in Harvard studiert, für diese Uni eine olympische Goldmedaille errudert, war Jahrzehnte an der Cleveland Clinic, wo Stent und Bypass entwickelt wurden, eine Klinik, die obendrein von seinem Ururgroßvater gegründet wurde.

Kurz bevor er in Rente ging, hat er noch eine völlig neue Ernährungslehre in der Herzmedizin entdeckt und propagiert sie weiterhin mit Elan. Spät in seiner eindrucksvollen Karriere hat er eine bemerkenswerte Studie durchgeführt, die wirklich radikal ist und als Ergebnis gezeigt hat: Niemand muss am Herzinfarkt sterben, wenn er seine Ernährung auf pflanzlich-vollwertig umstellt. Da passiert zurzeit wirklich einiges! Wenn ich mir vorstelle, all das wird noch durch die Psychosomatik der Krankheitsbilder-Deutung ergänzt, nicht auszudenken, was das für die allgemeine Gesundheit bedeuten würde.

Dabei muss man obendrein berücksichtigen, dass die Herkunft, vor allem die Universität, in den USA von herausragender Bedeutung ist. Wenn man von Harvard, Stanford, UCLA oder Cornell kommt, dann zählt das ungleich mehr. Doch gerade diese Leute denken jetzt um! Da entsteht allmählich ein Feld, das den anstehenden Umdenkungsprozess auch in der Medizin stärkt und unterstützt. Was mich dabei besonders berührt, ist die herzliche Menschlichkeit, die diese mutigen jungen Leute umgibt und mit der sie ihre neuen Erkenntnisse transportieren.

PM: Das ist aber bei uns doch vergleichbar. Wenn der angesehene Kardiologe Pim van Lommel ein Buch über „Endloses Bewusstsein" schreibt und über die dramatischen Transformationsprozesse, die eine Nahtod-Erfahrung auslösen kann, dann wird das gesellschaftlich auch anders bewertet, als wenn irgendein 'Esoteriker' das schreibt. Unabhängig davon, wer möglicherweise die tieferen Einsichten gewonnen hat.

RD: Das ist natürlich so! Insofern bin ich auch froh um jeden anerkannten Schulmediziner, der umzudenken beginnt und bisherige Grenzen und Denkbarrieren überwindet. Ich erlebe die zunehmende Offenheit, aber auch noch einige Skepsis bei den Fallseminaren, die ich im Rahmen der „Integralen Medizin"-Ausbildung zusammen mit dem Ethno-Mediziner Dr. Hobert für die Ärztekammer gebe. Hier zeigt sich immer noch ein sehr diffiziles Denken in Gegensätzen, vor allem bei Schulmedizinern. Dabei berufe ich mich nicht auf irgendwelche seltsamen Offenbarungen, sondern gründe meine Aussagen auf den Gesetzen der Physik, aber vor allem der neuen Physik. Da geht es vorrangig um Energie, etwa um die „Energie-Erhaltungssätze". Wir können Energie nicht aus der Welt schaffen. Wasser lässt sich in Eis umwandeln oder in Dampf; aber die Moleküle bleiben erhalten und immer die gleichen. Das ist in der Medizin auch so, und tatsächlich überall. Wir können mittels schulmedizinischer Pharmaka Symptome unterdrücken, sie beseitigen; aber dann bleiben sie, wie das Wort schon sagt, „auf der Seite". Was wir unterdrückt haben, ist weiterhin vorhanden. Es wird später wieder auftauchen – gleichsam aus dem Schatten – und sich auf andere Weise neuerlich ausdrücken und zeigen. Es ist keine große Mühe, interessierten Menschen diese logische Schlussfolgerung nahezubringen.

Die große Mehrheit der Menschen denkt auch heute noch analog oder in Metaphern. Um meine Denkansätze darzustellen, werfe ich gern einen Blick auf die Geschichte der Philosophie. Da haben wir Sokrates und dessen Schüler Platon, an den wir uns vielleicht mit seinem beeindruckenden „Höhlen-Gleichnis" erinnern. Und dann gibt es da den Sprung zwischen Platon und Aristoteles. Letzterer will das ganzheitliche Weltbild seines Lehrers in vielen einzelnen Bereichen anwenden und lehrbar machen. Er führt als Kriterien „vier Causae" ein, in die er das Denken seines Lehrers Platon unterteilt. Dabei muss man beachten, dass

Aristoteles nie gemeint hat, man solle nur eine dieser Causae oder Ursachen nutzen. Er hatte immer alle zusammen im Auge: die *Causa finalis* – die aus der Zukunft auf die Gegenwart zurück wirkt; die *Causa efficiens* – die aus der Vergangenheit auf die Gegenwart wirkt; die *Causa formalis* – die Muster-Ursache, und die *Causa materialis*, die völlig unstrittig ist.

Irgendwann aber kam man bei uns auf die Idee, nur mit der „causa efficiens" zu arbeiten. *Was ist die Ursache?* reduzierte sich so auf *Woher kommt etwas?* Welche Bakterien sind es, die verantwortlich sind? Solch eine limitierende Sichtweise hatte Aristoteles keinesfalls im Sinn!

Ich übertrage dieses Modell gerne auf den Sport, etwa den Fußball, um die Absurdität der eingerissenen Eingleisigkeit zu verdeutlichen. Das ganze Fußballspiel ist mit seinen 90 Minuten und 22 Spielern für eine wissenschaftliche Betrachtung viel zu vielschichtig. Wir müssten – der analytischen Methode entsprechend – einen Moment herausschneiden, etwa wenn der Ball auf dem Elfmeterpunkt liegt und ein Spieler anläuft und dagegen tritt.

Beantworten wir die Frage, warum er das tut, naturwissenschaftlich, bleibt uns nach gängigem Verständnis nur die „causa efficiens". Die Ursache muss aus der Vergangenheit kommen und obendrein reproduzierbar sein. Da bleibt nur der Pfiff des Schiedsrichters übrig. Aber kann man sich vorstellen, dass ein Spieler zwanzig Jahre seines Lebens nur wegen dieses Pfiffs trainiert? Da können uns auf die *Causa finalis* spezialisierte Geisteswissenschaftler helfen, die wissen: Er läuft an, weil er ein Tor schießen und vielleicht Weltmeister werden will. Für diese aus der Zukunft auf die Gegenwart zurückwirkende *Causa finalis* ist heute niemand mehr zuständig in der Naturwissenschaft und leider damit auch in der Schulmedizin.

Rupert Sheldrake hat versucht, uns mit den *Morphogenetischen Feldern* die *Causa formalis* wieder nahezubringen. Beim Fußball sind es die Regeln, die zum Beispiel verbieten, den Ball auf den Sieben-Meter-Punkt zu platzieren. Die *Causa materialis* finden wir in Gestalt des Rasens, der Muskeln der Spieler und des Materials des Rindsleder- oder Plastik-Totems, um das es geht.

Wenn man ein solches Kausalitätsmodell anwendet und nur den Pfiff des Schiedsrichters akzeptiert, wie es in der Schulmedizin geschieht, bleibt das Ganze auf der Strecke, wie eben bei der Krankheits-Ursachen-Erklärung der Universitäts- und Schulmedizin.

Heute sind wir aber schon so weit im Bereich des Unverständnisses, dass ich, sobald ich auf die für das Verständnis so entscheidende *Causa finalis* verweise, diese mit dem Hinweis, das sei „teleologisch", weggewischt wird.

PM: Das heißt, man möchte keinen ganzheitlichen Ansatz, der das Geschehen gleichsam aus allen vier Himmelsrichtungen erklärt und die verschiedenen Blickwinkel einbezieht, sondern man bevorzugt die einpolige Antwort: Faktor A löst Wirkung B aus. Alles Weitere wird geradezu als störend empfunden.

RD: Gewissermaßen ist es so weit gekommen. Dabei sind die „vier Causae" des Aristoteles gut abgesichert. Mit der umfassenderen Sichtweise wird das Gesamtbild ungleich bunter und vollständiger. Wenn man beispielsweise die „Morphogenetischen Felder" von Rupert Sheldrake einbezieht, dürfte man die umfassende Wirkweise, die er im Auge hat, niemals auf die *causa efficiens* reduzieren. Das wäre so, als wollte man den Ausgang des Fußballspieles auf die *causa materialis* reduzieren – also auf den Rasen oder den Ball!

Der ganzheitliche Ansatz ist aber auf allen möglichen Ebenen verloren gegangen. Die Gebrüder Humboldt haben die Universität auf den Weg gebracht, indem sie verschiedene Fakultäten ins Leben riefen, die in Einzelbereichen forschen sollten, um ihre Ergebnisse dann wieder zusammen- und zum Verständnis der Einheit beizutragen. Das war und ist eigentlich immer noch die Idee der „Uni-versität", die auch sprachlich die Einheit „uni" inmitten der Verschiedenheit „versi" anspricht.

Heute schicken wir unsere Kinder auf die „versi", denn die „Uni" gibt es praktisch gar nicht mehr. Die armen Studenten verstudieren und verlieren sich in Einzelheiten und kommen als Fachidioten wieder heraus, die dann entsprechend widerstandslos die „Niere auf Zimmer 18" behandeln. „Universal-Dilettanten", die wir als Hausärzte benötigen würden, gibt es immer weniger. Sie würden auch weder entsprechend Anerkennung noch Ruhm ernten – und nicht so viel Geld verdienen. Dabei wären sie als Weichensteller zu Beginn der Krankheits-Behandlung im wahrsten Sinne des Wortes „entscheidend" wichtig. Sie müssten den Verdacht auf Gehirntumor fassen und könnten dann die Behandlung dem Neurochirurgen überlassen, wo sie idealerweise den Patienten hin „überweisen". Hier wird bezeichnenderweise derselbe Ausdruck wie im Geldverkehr verwendet; und das ist auch das Problem in modernen Zeiten der Geld-Welt-Religion, wo jeder lieber selbst Geld verdient, um reich zu werden, als es jemand anderem zu überlassen. In der modernen Medizin wird oft zu wenig und zu spät überwiesen – ganz entsprechend analogen Unsitten in der Geschäftswelt.

Aber viel schlimmer ist noch, dass es schon viel zu lange viel zu wenig kompetente Allgemeinmediziner in Deutschland gibt. Das ist verständlich, denn in einer Zeit des Reduktionismus mit ihrer Detailbesessenheit zählt der Blick aufs Ganze – und zwar auf den ganzen Patienten – kaum noch. Im Anfang aber liegt alles, besagt das drittwichtigste der *Schicksalsgesetze*, der Spielregeln des Lebens, wie vom Wissenschafts-Bestseller-Autor Malcolm Gladwell in seinem Buch „Blink" ausführlich belegt. Wenn es aber zu Beginn schon so schiefgeht, wie heute in der Medizin zu häufig, ist danach guter Rat teuer. So wird es tatsächlich immer teurer, die entgleisten Gesundheitsprobleme später in der Griff zu bekommen. Das neue Mittel *Kymriah* für Lymphome Erwachsener und kindliche Leukämien soll nach Vorstellungen des Novartis-Konzerns 340.000.- Schweizer Franken für die Erstbehandlung kosten. Das aber übersteigt sogar die Möglichkeiten des ungleich „gesünderen" Schweizer Gesundheitssystems. Die Gefahr, die ich hier sehe, als jemand, der ein Weile in den USA studiert hat und dort immer wieder Seminare gibt, ist, in ein ähnlich unmenschliches System abzugleiten, wo sich nur noch Reiche die beste Medizin leisten können und auch schon Diabetiker sterben, weil sie sich Insulin nicht mehr leisten können. Das wird dort bei enorm steigendem Bedarf wegen der Volksseuche Diabetes 2 auch nicht günstiger, wie die Regeln des Kapitalismus eigentlich vorgeben, sondern der Preis hat sich bei drastisch steigendem Bedarf in den letzten zwölf Jahren verdreifacht.

Mit Abstand betrachtet, gibt es heute das, was einstmals „Universität" hieß, gar nicht mehr. Ich könnte gewissermaßen auch gar nicht mehr *passieren*, denn mein Vater war Naturwissenschaftler, meine Mutter Geisteswissenschaftlerin. Sie haben sich beim „Studium Generale" kennengelernt. Da es das heute kaum noch gibt, würden sie sich wohl nicht mehr kennenlernen.

Heute produzieren wir jede Menge Spezialisten, die nicht über ihren Tellerrand hinaus schauen. Alexander von Humboldt hat einmal gesagt: „Die schlimmste Weltanschauung stammt von Leuten, die die Welt nie angeschaut haben!" Das bringt es auf den Punkt. Deswegen ist es heute so besonders wichtig, nach innen und außen zu reisen, und seine eigene innere Seelen-Bilder-Welt und die äußere Umwelt, am besten die ganze Welt, kennen zu lernen.

PM: Ist die „Spezialisierung", um das böse Wort vom „Fachidioten" zu vermeiden, das Haupthindernis auf dem Weg zu einer neuen Ganzheitlichkeit?

RD: Da liegt jedenfalls ein wesentlicher Schlüssel. Es geht ohne Zweifel darum, zu lernen, den Blick wieder auf das GANZE zu richten und ihn dafür zu weiten. Wenn du nur immer mehr ins Detail gehst und es untersuchst und untersuchst, weißt du offenbar irgendwann nicht mehr, wonach du eigentlich suchst. Das ist natürlich unbefriedigend. Wir sind heute an einem toten Punkt angelangt. Es geht nicht mehr um den Wald, den man vor lauter Bäumen nicht mehr sieht, sondern es geht um die Nadeln am Zweig. Aber inzwischen ist der ganze Wald und so ziemlich die ganze Bevölkerung krank, und wir sehen nicht einmal mehr den Menschen, sondern bestenfalls noch seine Organe und oft nur noch Gewebe und Zellen. Diese Forschung ist in Ordnung und hat uns wesentliche Detail-Kenntnisse gebracht, aber ihr auf die ganze Medizin ausgedehntes Weltbild ist viel zu eng und inzwischen zu weit weg von den Menschen. Aber sie bleibt wichtig und unersetzlich, allerdings braucht sie unbedingt Ergänzung durch eine ganzheitliche Sicht, wie sie die vier Ursachen von Aristoteles bieten, aber auch die Salutogenese von Antonowski als Gegenpol zur Pathogenese, auf die allein sich die Schulmedizin versteift.

Und weitere Ergänzung ist notwendig durch eine naturheilkundliche Komplementär-Medizin und das Duett Fasten und Ernährungsmedizin.

Wir erleben in der EU, aber auch weltweit zurzeit eine riesige Kampagne: Pharmazie und Schuldmedizin gegen Naturheilkunde und Homöopathie. Der industrielle Komplex nutzt alle seine Möglichkeiten auf vielen Ebenen. Das kann nur darin enden, dass wir – immer einseitiger werdend – irgendwann gegen die Wand fahren; die viel schönere Perspektive wäre, es änderte sich etwas ganz generell im Sinn von Integration. Die Orthodoxie hat zum Glück das Problem, dass sie Forscher wie Valter Longo, Mark Mattson, Colin Campbell und Ärzte wie Caldwell Esselstyn und auch mich nicht mehr so einfach mundtot machen kann und wir so viele Menschen über unsere Arbeit und unser Engagement erreichen. Das besonders Schöne dabei ist, diese Arbeit nährt unsere Seelen und erlaubt uns, sie weitgehend bewusst und mit gutem Gewissen zu erfüllen, unsere täglichen Meditationen zu genießen, uns gesund zu ernähren und fit zu bleiben. Das wiederum wirkt ansteckend und inspirierend auf immer mehr Menschen – und auch auf Kollegen. Hinzu kommt noch, dass die beschriebenen Online-Aktivitäten unser Feld stark vergrößern – bei fast gleichem Einsatz. Zudem verbreiten wir ganz nebenbei, wie viel Freude es macht, einer Berufung wie der zum Arzt nachzugehen.

PM: Dann können wir nur darauf setzen, dass es gelingt, innerhalb des Systems zu einem Bewusstseinswandel zu kommen, bevor es implodiert?

RD: Das ist auch in meinen Augen der Schlüssel. Wir sollten möglichst rasch dafür sorgen, dass dieses Bewusstseins-Feld wächst, indem wir bei uns selbst anfangen, aufzuräumen und die Weichen zu stellen. Leute wie die Erwähnten arbeiten ja nicht nur aus ihrer Lebensphilosophie heraus. Wir sind auch angetreten um zu leben, was wir lehren. Meine größte Hoffnung ist das „Feld ansteckender Gesundheit". Wenn es sich weiter verbreitet und so selbstverständlich wird wie eine ansteckende Krankheit, haben wir vielleicht schon gewonnen.

Wenn gesunde Kost, Yoga oder Meditation und Bewegung nicht nur vage Empfehlungen sind, sondern unsere Praxis, wirkt das ansteckend auf PatientInnen und Kollegen gleichermaßen. Natürlich macht es einen Unterschied, ob ein Arzt von einer spirituellen Grundausrichtung her an seine Arbeit geht oder ein Mediziner als reiner Materialist. Das fängt schon bei der Frage der möglichen seelischen Hintergründe einer Krankheit an. Um sie zu erkennen, muss man ja erst einmal die Seele als existent annehmen. Wo das Bewusstsein für Körper, Geist und Seele im Arzt zusammenkommt, wird seine Arbeit deutlich nachhaltigeren Einfluss haben und zum Bewusstwerdungs-Feld beitragen – vor allem durch die tägliche Arbeit mit Patienten, aber bei mir heute etwa auch durch Bücher, Vorträge, Webinare oder Filme.

Wer sich als Mensch empathisch in seine Patienten einfühlen kann, weil er seine eigenen Krankheitsbilder durchschaut und als Dünger auf seinem Entwicklungsweg genutzt hat, kann ungleich mehr bei seinen PatientInnen in Bewegung bringen. Das ist die alte schamanistische Idee der Einweihungskrankheit oder, ganz banal gesagt, wenn ich vor meiner eigenen Tür erfolgreich gekehrt habe, kann ich meine Kehrdienste anderen überzeugender anbieten und auch dort für vermehrte Ordnung sorgen.

Man kann als Beispiel einen Ägypten-Urlauber nehmen: Der möchte auch gerne einen Fremdenführer haben, der schon einmal vor Ort war; nicht einen, der auch nur ein paar Reiseführer gelesen hat. Das ist bei ganzheitlich orientierten Ärzten ebenfalls der Fall. Wenn von uns jemand über Fasten, Ernährung oder Heilkräuter befragt wird, wissen wir aus eigener Erfahrung, wovon wir reden. Diese Erfahrung schafft nicht nur Durchblick und Einsicht, sondern auch Vertrauen bei den PatientInnen. Vor allem Letzteres ist ebenso unbezahlbar wie unverzichtbar.

PM: Hier liegt doch die Brücke zur alten Medizin. Die alten Heiler mussten selber erst einen Weg zur Heilung gehen.

RD: Das war eben die Grundvoraussetzung, um Schamane zu werden. Das durften sie erst, wenn sie durch eigene Krankheitsprozesse gegangen und dabei gereift waren. Man nannte das deshalb „Einweihungskrankheit". In einigen alten Medizin-Kulturen warst du nur für das zuständig, von dem du selbst schon betroffen und genesen warst. Homöopathen müssen sich bis heute selbst Arzneimittelversuchen unterziehen, bevor sie sich ihren PatientInnen widmen. Dieses Verständnis wird in der Medizin heute eher seltener, in der Schulmedizin finden wir nur noch kleine Reste davon. Wunderbar bildet der alte Film „Der Doktor" mit William Hurt diese Situation ab, und zeigt wie ein moderner Star-Mediziner an seiner eigenen Krankheit zum Arzt reift. In „Hollywood-Therapie" sind Spielfilme in dieser Hinsicht gedeutet, und diesen halte ich für ein „Muss" für jeden Mediziner, der wirklich Arzt werden will.

Für ayurvedische Ärzte oder TCM-Therapeuten ist es eine Selbstverständlichkeit, dass die ihre Mittel auch bei sich selbst anwenden. Das führt zu einer Glaubwürdigkeit, die von Patienten geachtet und geschätzt wird. In TamanGa betreiben wir einen Online-Shop mit allerlei guten Produkten, die wir selber ausprobiert haben. Diese Vorgehensweise gehört für mich auch zur „Erfahrungsmedizin" und zur eigenen Glaubwürdigkeit. Unsere Patienten schätzen das; aber natürlich ist das weit entfernt vom üblichen Alltagsbetrieb. Wenn ich auf vier Jahrzehnte als Arzt zurückblicke, bin ich geradezu glücklich, mehr Spielfilme als Pharmaka verschrieben zu haben – und das waren noch weit überwiegend naturheilkundliche.

PM: Aber diese Einstellung ist doch ganz entscheidend für den Umschwung zu einer neuen, echten HEIL-KUNST. Wenn es eine „Heilkraft der Spiritualität" gibt, von der Andreas Michalsen spricht, dann müsste diese doch auf eine Art „Quelle" zurückzuführen sein. Wir nehmen daher in unserer Arbeit an, dass es ein „Universelles Heilungsfeld" gibt. Ohne dieses Kraftfeld fehlte dem Heilungsgeschehen eine Anbindung an eine höhere Wirklichkeit. Muss daher die Medizin grundsätzlich „transzendenzoffener" werden?

RD: Ja, davon bin ich auch überzeugt, aus eigener persönlicher Erfahrung und der mit PatientInnen. Ich sehe eine innere und eine äußere „Quelle", aus der wir uns und das ganze System regenerieren könnten. Zuerst mal zur äußeren Quelle. Mutter Natur ist solch eine wundervolle Quelle, die mit unserer eigenen inneren Natur in Verbindung steht. Wir sollten also zuerst einmal viel für Mutter Natur und unser Verhältnis zu ihr tun. Zum Beispiel habe ich das Geld, das ich erredet und erschrieben habe, in das „Heilungs-Biotop" TamanGa fließen lassen, mit dem Ziel, einen Ort zu schaffen, der Heilung aus sich heraus ermöglicht oder doch jedenfalls optimal fördert. Dort gibt es für die Gäste die TamanGa-Natur-Kur mit Elementen wie täglichem Barfußgehen, der besten Antioxidantien-Quelle, in

Hängematten zwischen dicken Buchenstämmen Waldbaden als Jungbrunnen für das Immunsystem und zugleich zum Tanken von Hildegard von Bingens Grünkraft, Schlafkuren zur nachhaltigen Regeneration und vieles mehr. Wir können angelehnt an Mutter Natur so viel mehr bewirken und so viele Synergien schaffen.

Früher, als es noch nicht flächendeckend Handy-Masten gab und fast überall gutes Wasser selbstverständlich war, als Häuser an ungestörten Stellen gebaut wurden, war das weniger wichtig. Davon sind wir heute weit entfernt. Deswegen ist es uns wichtig, in TamanGa im Rahmen unserer Möglichkeiten und sowohl mit ursprünglichen als auch modernen Mitteln möglichst ungestörte Verhältnisse wiederherzustellen. Wir essen möglichst Obst und Gemüse, das oberhalb von unserem kleinen Hotel-Dorf im großen Biogarten wächst, und suchen uns unsere Wasserquelle, das wichtigste Lebensmittel, über einen Geschmackstest unter lauter Wasser aus reifen Quellen aus, sozusagen eine Wasserprobe – Weinproben gibt es beim Weinfasten. Bei uns gibt es selbstverständlich in jeder Klause ein LAN-Kabel, aber genauso selbstverständlich kein WiFi und so weiter. So sind wir dort vor dem ganzen Strahlengewirr sicher, zumal die Klausen auch Netzfreischalter haben. Das ist heute schon etwas Besonderes.

Nun zur inneren Quelle: Natürlich weiß heute auch die Schulmedizin, dass Psychosomatik eine Tatsache ist. Sonst würden sie nicht dauernd nach Doppelblind-Studien rufen. Was wollen sie denn damit beweisen? Letztlich geht es ihnen darum, Mittel unabhängig von den Selbstheilungskräften des Patienten und der Droge Arzt zu testen. Nichts anderes beabsichtigen doch Doppelblind-Studien. Wenn also in letzter Konsequenz anerkannt wird, dass das ärztliche Feld wirkt und zusammen mit dem Heilungsfeld des Patienten entscheidend ist, dann wäre doch die logische Konsequenz, die beiden Felder zusammenzubringen! Der Arzt arbeitet in seinem „Heilungsbiotop", bringt seine Patienten dazu, ihre Selbstheilungskräfte zu aktivieren und kann sich dabei hoffentlich auch auf gute Medizin stützen, die nach meinen Erfahrungen vor allem aus der Natur kommt.

Sein Heilungs-Feld entsteht – nach meinen Erfahrungen – idealerweise aus seiner eigenen Meditationspraxis, die ihn immer wieder mit seiner eigenen Mitte verbindet, so dass er die PatientInnen leichter mit ihrer in Verbindung bringen kann. Ich meditiere, seit ich elf Jahre bin, und esse seit fünfzig Jahren kein Fleisch mehr. Das hilft einerseits dabei, diese Positionen zu vertreten, aber andererseits und vor allem, in diesem Medizinsystem weiter mit heiterer Gelassenheit seine Arbeit zu tun.

PM: Das scheint mir die einzig vernünftige Schlussfolgerung zu sein. Dazu müsste die Schulmedizin aber erst einmal aufhören, den „Placebo-Effekt" ausschließen zu wollen, und ihn als wirksamsten Verbündeten anerkennen.

RD: Natürlich führt der „Placebo-Effekt", wenn man ihn ernsthaft durchdenkt, genau zu dem, was wir gerade festgestellt haben, und weit darüber hinaus, dass nämlich das wesentlich Wirksame das Ritual ist. Aber obwohl wir von wissenschaftlicher Seite alles Notwendige dazu belegen können, gelten Rituale noch immer als Humbug. Bis zu dem bahnbrechenden Experiment von Bruce Moseley vertrat die Orthodoxie etwa die Auffassung, bei Operationen gäbe es gar keinen „Placebo-Effekt".

PM: Moseley teilte ja bei seinem legendären Versuch seine Kniepatienten in drei randomisierte, also gleichwertige Gruppen: Die erste wurde operiert und der geschädigte Knorpel abgeschliffen; in der zweiten Gruppe wurde das Gelenk gespült und alles Material entfernt, was eine Entzündung auslösen konnte; die dritte Gruppe dagegen wurde nur zum Schein operiert. Verblüffenderweise ging es am Ende der „Placebo-Gruppe", die keinerlei medizinischen Eingriff erfahren hatte, genauso gut wie den beiden operierten.

RD: Ja, das nicht zu unterschätzende Verdienst von Moseley ist, dass er dieses Ergebnis veröffentlichte als Orthopäde, der es selbst kaum fassen konnte.

Die dritte Gruppe war ganz in dem Bewusstsein, von einem Fachmann operiert zu werden und Heilung zu finden. Diese innere Einstellung war offensichtlich bereits ausreichend, um sich an das „Heilungsfeld" anzuschließen. Was ist also die letzte Konsequenz von Moseleys Versuch? Du kannst operieren, aufschneiden, spülen – oder „nur" ein Ritual machen und wie Schamanen mit Federn rascheln oder mit Rasseln Krach schlagen. Es bleibt im Endeffekt das Gleiche! Die Heilwirkung geht eindeutig vom Ritual aus, denn das ist das Einzige, das alle drei Gruppen gleichermaßen erlebt haben. Es muss etwas im Bewusstsein der PatientInnen auslösen, in diesem positiven Fall Heilung.

Letztlich sind das lange bekannte Phänomene, wenn du als Arzt einem männlichen Patienten Beta-Blocker verschreibst und ihn – pflichtgemäß – über die Nebenwirkungen aufklärst bezüglich erektiler Dysfunktion, zu deutsch Impotenz, dann reagieren von hundert Patienten dreißig mit dieser Störung. Wenn du aber nichts sagst und der Patient den Beipackzettel nicht liest, sind es nur zwei von hundert. Neu ist, dass diese so eindeutig für die Wirkung der Psyche sprechenden Fakten nun endlich auch wissenschaftlich untersucht werden, zum Beispiel von Prof. Schroeter an der Uni Frankfurt/Oder.

Aber wir haben in den letzten fünfzig Jahren die verrücktesten geistig-seelischen Phänomene gesehen – weit über die Medizin hinaus. Leute wie den brasilianischen Psychotherapeuten Gasparetto, der mit dem linken Fuß wie van Gogh malen konnte, mit dem rechten wie Monet und zugleich mit beiden Händen noch wie Cezanne und Renoir. Die Engländerin Rosemary Brown, die völlig unmusikalisch war, aber in Trance wie Beethoven oder ein anderer Klassiker komponierte. Natürlich war es nicht Beethoven persönlich – aber es war doch das Feld von Beethoven, das sie anzapfte.

Oder nehmen wir Dr. Fritz, den „deutschen Wundarzt" aus dem ersten Weltkrieg, dessen Feld oder Seele durch das südamerikanische Medium Ze Arigo, einen einfachen Bauern, mit einem rostigen Messer die außergewöhnlichsten und nachhaltig heilsamsten Operationen durchführte. Die „Energie" dieses Feldes „Dr. Fritz" übernahm nach Ze Arigos Tod der Chirurg Edson Queiros aus Recife in Brasilien, der ohne Narkose und Desinfektion einmal pro Woche gratis Bedürftige „operierte" und trotz der schulmedizinisch unverantwortlichen Umstände keine Sekundärheilungen, also Eiterungen der Operationswunden, provozierte. Das deutsche öffentlich rechtliche Fernsehen hat ihm eine Dokumentation gewidmet, und ich habe ihn erleben dürfen. Als Arzt kann ich nicht erklären, was ich sah, aber ich habe es doch wahr und wichtig nehmen können. Es hat mir wirklich Eindruck gemacht und wieder einmal eine Tür zu jener anderen Ebene geöffnet.

Alle diese außergewöhnlich begabten Menschen schließen sich an ein Heilungsfeld an. Wenn wir in unserer ZEN-Gruppe sitzen, versuchen wir nichts anderes. Es geht um eine Rückbindung an die Einheit und deren Feld.

Manche nennen das dann „Quantenheilung" und versuchen – leider auch – damit das große Geld zu machen. Manchmal ist auch das vielleicht wirksam: Einige PatientInnen denken wohl, wenn es so teuer ist, muss es auch wirken. Der menschliche Geist ist unergründlich; und wie heißt es so schön: „Gott schreibt auch auf krummen Linien gerade!"

PM: Der entscheidende Faktor scheint mir die „Nicht-Machbarkeit" zu sein?

RD: Ein ganz wichtiger Punkt! Du kannst innerlich arbeiten, die Weichen stellen und dich vorbereiten – und wenn du dann eine „Einheitserfahrung" hast, lösen sich alle Symptome und Probleme. Es geht nicht ums „Machen", sondern eher darum, seinen „Rucksack abzulegen" und loszulassen. Du musst den ganzen Ballast abwerfen, der dich hindert, frei zu sein und die Sonne im Herzen aufgehen zu sehen.

Die alte Medizin wusste auch das noch, wie ihr Spruch offenbart: „Medicus curat – natura sanat" – der Arzt pflegt, die Natur heilt. Der stimmt bis heute, nur haben viele Mediziner ihn vergessen und glauben, in den eindrucksvollen Gesundheitsfabriken ihrer Großkrankenhäuser Gesundheit am laufenden Band produzieren zu können. Das halte ich für eine Selbstüberschätzung, aber zu pflegen und die Weichen gut zu stellen, ist ja auch schon eine Menge.

PM: Auch das „Heilungsfeld" ist nicht manipulierbar oder durch Tricks beziehungsweise Techniken erreichbar. Du kannst dich nur öffnen; das ist der einzige Beitrag, den der Einzelne leisten kann. „Klopfet an, so wir euch aufgetan!"

RD: Ich denke, es ist eine Kombination aus beidem. Goethe hat es im *Faust* so treffend formuliert und den Chor sagen lassen: „Nur wer strebend sich bemüht, den können wir erlösen." Es gibt auch eine amüsante ZEN-Geschichte, die in diesen Zusammenhang passt. „Da sitzt ein eifriger Mönch fünfundzwanzig Jahre bei seinem Roshi – und es geschieht nichts. Keine Spur von Satori. Er geht frustriert zum Meister, der ihn mit den Worten entlässt, er sei hier dann doch wohl nicht am rechten Platz. Der Mönch wandert daraufhin etwas verloren durch Kyoto, trifft auf wundervoll freundliche Menschen, folgt einer besonders reizenden Frau, die ihn mit zu sich nimmt, und als er in sie versinkt – findet er Erleuchtung. „Was für ein Wahnsinn", denkt er sich. „wir sitzen da Jahrzehnte im Kloster und erleben gar nichts. Dabei geht es offensichtlich so leicht und schön!" Also gründet er ein Kloster für Männer und Frauen, die immerzu miteinander schlafen – und es passiert nichts – jedenfalls nicht in Sachen Befreiung und Erleuchtung.

Was ist die Moral von der Geschichte? Du benötigst wahrscheinlich beides!

Und dasselbe noch wissenschaftlich: In einer Laborgruppe wurden Versuche gemacht, eine Kompass-Nadel mit psychischen Kräften aus der Nord-Süd-Richtung abzulenken. Dabei wurden alle technischen Möglichkeiten der Überwachung ausgeschöpft, mit dem Ergebnis, dass sich nichts bewegt hat. Kein Millimeter. Dann wurde der Versuch gekürzt und ein früheres Ende beschlossen. Und was passierte? Fünf Minuten vor Schluss fingen viele Nadeln an, sich zu bewegen. Dasselbe Ergebnis also, nur wissenschaftlich: Du musst offenbar lernen, dich voll zu konzentrieren und dann komplett loszulassen, um wirklich etwas zu bewegen.

PM: Es ist ein Segen, dass der Einbruch in eine andere Dimension nicht mit irgendwelchen Techniken zu machen und zu schaffen ist. Wir würden sonst auch die Mystik noch kommerzialisieren.

RD: Letzteres passiert in USA schon längst. Ein Vortrag vom erwähnten Neurochirurgen Eben Alexander ist für Veranstalter praktisch nicht mehr zu finanzieren.

Einstein hat diese Zweiseitigkeit einmal charmant formuliert, als er sagte: „Es war nicht mein Intellekt, der zur Allgemeinen Relativitätstheorie geführt hat, sondern meine visionäre Schau!" Aber dazu musste er doch erst Mathematik studieren und den geistigen Rahmen aufbauen, sonst hätte seine „visionäre Schau" wohl nicht zu dieser bahnbrechenden Theorie geführt. Wo solche Voraussetzungen nicht geschaffen sind, landen wir bei wenig inspirierenden Darshans und Channeling-Veranstaltern, wo in vielen Fällen vor allem Unsinn herauskommt.

Ich war einmal bei einem Medium, das behauptete, C.G. Jung zu channeln. Nach zehn Minuten habe ich mich gefragt, ob Jung im Jenseits verblödet ist? Die Frau hatte nicht die geringste Ahnung von seinem Werk und wohl einfach irgendetwas nacherzählt, was ihr irgendwer eingegeben haben mag, der aber niemals C.G. Jungs Qualität des Denkens hatte.

PM: Ich habe mich mit dem Phänomen ja auch intensiv befasst, vor allem wenn „berühmte Namen" auftauchten. Da muss man sich tatsächlich fragen, ob die auf der anderen Seiten regrediert sind.

RD: Genau das habe ich mich auch gefragt. Das war meist wirklich verlorene Zeit. Ich will aber nicht das Phänomen an sich bestreiten, auch gibt es unter den vielen Medien das eine oder andere echt begabte.

Letztlich geht es nur darum, in die Tiefe vorzudringen. Das erkennt man auch bei den großen Physikern. Am Anfang steht oft der Atheismus, aber je tiefer sie vordringen, desto mehr verändert sich die Sichtweise – und die Ehrfurcht wächst. „Wenn du den Becher der Naturwissenschaft an die Lippen setzt, magst du Atheist werden, aber am Boden des Bechers und der Naturwissenschaft findest du Gott", formulierte Werner Heisenberg sinngemäß. Oder nehmen wir Max Planck, der 1929 in einer berühmten Rede ebenfalls klar zum Ausdruck gebracht hat, dass die Logik und die großen Erkenntnisse der Physik nur einen Schluss nahelegen – die Existenz Gottes. Vielleicht sind diese Einsichten die Basis, auf denen der Neurochirurg Eben Alexander und viele andere ihre Erfahrungen in anderen Dimensionen machten. Erfahrungen, die nur in unserer rationalen Zeit so außergewöhnlich erscheinen, wenn dem System von Vater Staat verpflichtete und von Mutter Natur weitgehend losgelöste Menschen sie machen.

Allerdings bahnt sich da eine Veränderung an. Große Yoga-Meister haben über die Jahre zum Ausdruck gebracht, dass immer mehr junge Schüler kommen, die bereits eine große geistige Reife mitbringen. Es ist offensichtlich im Gesamtbewusstsein in den letzten Jahrzehnten ein erheblicher Wachstumsprozess vonstatten gegangen.

• • •

Katarina Michel (KM): Ich höre das von verschiedenen Seiten und erlebe es auch in meiner Praxis, dass viele Menschen schneller zu bestimmten Erfahrungen gelangen. Es scheint tatsächlich so zu sein, dass weniger „Vorarbeit" erforderlich ist.

RD: Ich kann das nicht wirklich beurteilen. Für mich ist Arbeit ja auch nichts, was mich anstrengt oder gar nervt. Ich arbeite gerne und habe Freude dabei. Karl Lagerfeld sagte einmal: „Wenn es Spaß macht, ist es keine Arbeit!" Deswegen behauptete Lagerfeld, nie zu arbeiten. Ich kann dieser Formulierung einiges abgewinnen und bin froh, nach dieser Definition sehr wenig gearbeitet und dabei doch viel geschafft zu haben. Aber gern ginge ich noch einen Schritt weiter und würde gar keinen Gegensatz zwischen Arbeit und Freude sehen. Mir hat meine Arbeit fast immer Freude gemacht, und insbesondere die spirituelle, das Schreiben und Beraten.

KM: Mir kommt es so vor, als brächten etliche Kinder heute bereits die Voraussetzungen mit, die wir uns noch erarbeiten mussten. Sie weisen schon bestimmte Qualitäten auf und sehen große Zusammenhänge. Sie zeigen ein ausgeprägtes Selbstbewusstsein und sind nicht leicht zu manipulieren.

RD: Es muss wohl so sein, und ich wünsche es ihnen sehr. Krishnamurti war eine Inspiration für unsere Generation. Eckhart Tolle ist eine wichtige für die Gegenwart. Ist er erleuchtet? Ich weiß es nicht. Zumindest berührt er die Menschen, die ihm zuhören, und mich, auf eine gewisse Weise. Da steckt Kraft dahinter. Aber da ich selbst leider immer noch nicht erleuchtet bin, kann ich bekanntlich Erleuchtete nicht wirklich sicher erkennen.

PM: Krishnamurti ist auch im Zusammenhang mit unserem Thema Heilung interessant. Er hat ja immer wieder in seinem langen Leben Menschen geheilt. Meistens aus seinem engeren Umfeld und immer mit der strengen Auflage, dieses Heilungsgeschehen ja für sich zu behalten. Er wollte auf keinen Fall als großer Geistheiler gesehen werden.

Es gibt aber einen spektakulären Fall, der sich in Indien zugetragen hat und von seinem Neffen im Detail überliefert wurde. Da kam eine Frau zu ihm, die einen schweren Unfall erlitten hatte, aufgrund dessen man ihr ein Bein amputieren wollte. Sie war aber zutiefst überzeugt, Krishnamurti könne sie heilen. Krishnamurtis Umfeld lehnte es jedoch immer wieder ab, der Frau einen Termin zu geben. Eines Tages stand sie aber mit zwei Trägern auf der Bahre vor seiner Tür. Krishnamurti ließ sie dann natürlich herein, und als sie ihn sah, stand sie auf und ging geheilt von dannen. Es war so eine Szene wie bei dem verkrüppelten Mann im Neuen Testament.

In diesem Augenblick war selbst Krishnamurti verblüfft. Als sein Neffe ihn später befragte, wie denn so etwas möglich sei, antwortete er ihm: „Energie floss." Und dann ergänzte er noch: „Something clicked!" Was immer da „geklickt" haben mochte, es muss so etwas wie das „Universelle Heilungsfeld" gewesen sein, mit dem Krishnamurti ganz offensichtlich tief verbunden war.

RD: Solche Geschichten passieren natürlich tatsächlich und sind aus fast allen Kulturen überliefert. Ich habe selbst vor Jahren ein ähnliches Erlebnis mit einer MS-Patientin gehabt. Die kam mit einem großen Stapel Untersuchungen, einer Kranken-Akte von der Uni-Klinik, an der sie arbeitete, und einer langen Krankengeschichte. Sie bewegte sich mühsam auf Krücken und sollte eigentlich im Rollstuhl sitzen. Sie ist tatsächlich nach einer Schattentherapie-Sitzung auf eigenen Beinen ohne irgendwelche Hilfen aus der Praxis gegangen. Ich könnte beim besten Willen nicht sagen, was in dieser Sitzung tatsächlich geschehen ist, aber das Ergebnis war unübersehbar berührend.

Im Heilkunde-Zentrum in Johanniskirchen arbeitet der Energie-Behandler Alexander Penkowski und begleitet Psychotherapie-Patienten auf ihrem Weg durch die Schattentherapie. Er hat schon die erstaunlichsten Heilungen begleitet oder in die Wege geleitet. Letztlich kann er sie selbst nicht wirklich erklären und will auch nicht Heiler genannt werden. Einmal hat er sogar ein Baby, das unter täglichen epileptischen Anfälle litt und sicher noch keinerlei Suggestibilität unterlag, von diesen Anfällen befreit.

Ich habe Vermutungen, was sich ereignet, wenn solch außergewöhnliche Heilungen eintreten. Es hat wahrscheinlich wirklich mit dem „Feld" zu tun, das wir aufbauen. Ich habe es einmal auch bei der besonderen Zeitqualität auf der „Millenniumsfeier" erlebt, die wir mit fast zweihundert Leuten beim verbundenen Atem begangen haben. Da gab es das Atemfest, ekstatische Trommel-Live-Musik und du konntest spüren, wie sich etwas Besonderes oder eine seltsam ungewohnte enorme Energie aufbaute. Tatsächlich haben in dieser Atemsitzung einige TeilnehmerInnen (schul-) medizinisch unerklärliche Heilungen erlebt.

Doch dann wollten einige Leute anschließend Heilungssitzungen von mir haben. Da musste ich deutlich machen, dass hier ein Missverständnis vorlag. Es war mit großer Sicherheit ein Gruppen-Energie-Phänomen, das diese Heilungen ermöglichte, und keinesfalls mein Werk oder das eines Einzelnen. Das zeigte sich auch darin, dass vermeintlich ganz 'normale' Leute plötzlich die Aura sahen. Es war schon beeindruckend; aber ich glaube nicht, dass diese spontanen Fähigkeiten Bestand hatten, allerdings weiß ich es von einem der medizinischen „Wunder", einer Frau, die ihr Myom ganz unblutig gebar. Wenn ich das so sage, fast zwei Jahrzehnte später, kommt es mir selbst unglaubwürdig vor, aber ich erinnere mich genau.

PM: Das ist eine sehr treffende Erfahrung, um das „Feld-Phänomen" zu verdeutlichen.

KM: Das „Feld" hat sich also gewissermaßen greifbar manifestiert. Es gab bestimmte Rituale, und es baut sich eine gewisse Energie auf. Ich würde das eine „Manifestation" von etwas nennen, das immer existiert, aber nicht immer in Erscheinung tritt.

RD: Das Wort „manifestieren" könnte es treffen. Das ganze Geschehen benötigt einen Rahmen, in dem es sich ereignen kann. Es muss auch ein LIVE-Geschehen sein. So etwas geht wohl nicht mit Konserven, jedenfalls habe ich das noch nicht erlebt oder gehört. Es erfordert Einstimmung, Meditation, Öffnung und Intuition. Hinzu kommt dieses Momentum, das die Griechen der Antike „Kairos" nannten. Hier, jetzt, in diesem Augenblick und an diesem Ort! Ich habe diese Millennium-Geschichte nicht für entscheidend gehalten, da es ja objektiv gar nicht der Jahrtausendwechsel war, aber viele haben daran geglaubt und dadurch eine große innere Bereitschaft und Offenheit zu etwas Besonderem in und um sich erzeugt.

KM: Solche Phänomene geschehen im Moment. Konzentrieren und loslassen. Du kannst es nicht wollen. Es geschieht!

RD: Ja, das ist es. Du kannst nur helfen, das Feld aufzubauen. Das vermittele ich in meinen Ausbildungen den TherapeutInnen: Ihr seid verpflichtet, wenn ihr Geld für die Behandlung nehmt, wach, aufmerksam und vollkommen da zu sein, selbstverständlich auch optimal aus- und fortgebildet. Und dann würde ich raten, zu Beginn der Sitzung innerlich zu sagen, zu bitten oder zu beten: „Dein Wille geschehe!" Sie sollten – ihrem Ego zuliebe – nicht glauben, wenn Menschen bei ihnen Heilung finden, sie seien nun große HeilerInnen oder Heiler. Gerade die großen 'Erfolge' sind es, welche sonst leicht eine Abwärtsspirale in Gang setzen; und wenn PatientInnen es nicht schaffen, sind sie auch nicht verantwortlich, wenn sie als TherapeutInnen ihr Bestes gegeben haben.

Entscheidend sollte die Erkenntnis im Hintergrund bleiben: „Etwas, was größer ist als ich, bewirkt das alles!" Ohne Demut kann es auch auf Dauer nicht gut gehen, wenn wohl auch oft gelingen.

PM: Wenn wir an das Wort von der Demut anknüpfen wollen, baut sich eine Brücke zu Hingabe und auch zum

Annehmen. Wenn wir an Reinkarnation und Karma denken: Wie sieht es mit „karmischen Krankheiten" aus? Können oder, vielleicht noch deutlicher gefragt, *dürfen* diese geheilt werden?

RD: Darauf lässt sich keine pauschale und schon gar keine einfache Antwort geben. Krankheit und ihre Heilung sind in letzter Konsequenz Erkenntnisprozesse. Nehmen wir als Beispiel einen Alkoholiker: Wenn ich auch immer wieder versuche, ihn vor dem Absturz zu bewahren, vor Arbeitslosigkeit, Scheidung, Entzug und all dem, wird er oft doch nicht hören und irgendwann schließlich den Boden unter den Füßen verlieren. Er macht dann seinen Prozess nicht aus seiner eigenen Kraft, sondern eher gezwungen. Wichtig ist aber *sein* Erkenntnisprozess. Wenn ich ihm diesen Prozess wegnehme, habe ich ihm nicht einmal wirklich geholfen. Aber als Arzt neige ich natürlich trotzdem dazu.

Anders stellt es sich dar, wenn es um Vorbeugung geht. Ich kann natürlich 'vorbeugend' die Gebärmutter entfernen oder die Brust amputieren lassen, diese für die Schulmedizin so peinlichen Prominentenfälle wie Angelina Jolie sind ja hinlänglich bekannt. Aber das kann doch nicht wirklich Vorbeugung im eigentlichen Sinne sein. Ich verstehe darunter Hinweise zur Lebensführung, die die entsprechenden Krankheitsbilder gar nicht erst auftreten lassen. Oder solche zur Ernährung. Wenn jemand sich gemäß *Peacefood* ernährt, um auf diesem Weg mehr Lebensenergie aufzunehmen, dann sinkt ganz natürlich auch sein Krebs- und Herzinfarktrisiko, das Brustkrebs-Risiko um 50, das Dickdarmkrebsrisiko sogar um 90%. Karma ist, nach meiner Überzeugung, kein statischer Prozess. Ich bin immer auch ein Handelnder und mich Wandelnder. Man muss nicht zwingend erst *nach* Krebserkrankung und gescheiterter Chemotherapie aufwachen, wie Jack Nicholson im Film *Das Beste kommt zum Schluss*.

Wenn wir über Reinkarnation und Karma sprechen, dann können wir vielleicht einen Schritt weiter denken. Wer die Anforderung ernst nimmt, die Jesus an ein Leben in seiner Nachfolge stellt, also ein erfülltes Leben in Liebe, Vergebung und Mitgefühl, der arbeitet wahrscheinlich selbst optimal an seiner Erlösung, an der Lösung seiner karmischen Belastungen. Denken wir an den Schächer, den Mörder, neben ihm am Kreuz, der noch bevor es Abend wurde mit ihm beim Vater, also in der Einheit, war.

Ich glaube, hier liegt viel mehr in unseren eigenen Händen als die meisten glauben. Das Karma ist in meinen Augen also keineswegs etwas Starres, dem wir nur ausgeliefert sind. Das ist das Alte Testament mit seinem „Auge um

Auge, Zahn um Zahn" und wird durch Christus und das Neue Testament genauso relativiert wie das strikte Karma-Denken des Hinduismus der Brahmanen durch Buddhas Lehre. Allerdings waren die Hindus viel geschickter im Umgang mit dem Neuen und integrierten Buddha als 8. Avatar von Vishnu in ihr System. Ich glaube, deshalb sind Indien und Bali heute noch hinduistisch.

PM: Kann man es so formulieren: Das Leben macht ständig Angebote an uns, die wir annehmen oder ablehnen können?

RD: Ja, so ließe es sich ausdrücken. Nietzsche hat einmal gesagt, wir hätten die Wahl, uns von unserem Schicksal führen oder zerren zu lassen. Ich selbst habe schon die ungewöhnlichsten Fälle erlebt. Hier ein unglaublicher, gut dokumentierter Fall: Ein Mann, der nach einem Schlaganfall erblindete, kam in die Behandlung von Prof. Pöppel, der mit ihm arbeitete und ihn so trainierte, dass andere Teile des Gehirns das Sehvermögen übernehmen konnten. Nach drei Monaten konnte er wieder sehen. Dann war er aber zu faul, selbst regelmäßig weiter zu trainieren – und ließ sich wieder erblinden. Angebot einfach nicht angenommen. Könnte man das „Instant Karma" nennen?

Auch beim Fasten habe ich die erstaunlichsten Dinge erlebt, wenn Betroffene bereit waren, sich wirklich einzulassen und Angebote anzunehmen. PatientInnen kamen und kommen mit schweren Krankheitsbildern, haben nach dem Fasten ihre Ernährung umgestellt und waren manchmal schon nach einem Fastenkurs – etwa bei Rheuma – völlig beschwerdefrei. Kaum zu Hause, haben sie so weitergelebt wie früher – und wurden wieder krank. Prompt kamen sie zu einem weiteren Kurs, wurden wieder ihre Symptome los, um anschließend den gleichen Kreislauf von vorne zu beginnen. Und das teilweise über mehrere Jahre – obwohl ich sehr versuchte, ihnen Einsicht in das Gesamtgeschehen und die Zusammenhänge zu vermitteln. Manche scheinen ihre Krankheitsbilder einfach zu brauchen und die Angebote nicht annehmen zu wollen oder zu können.

Da gibt es Leute, die glauben ernsthaft, Bauernwurst sei „Peacefood", weil der Bauer ja liebevoll zu seinen Kühen gewesen sei! Es hat eine Weile gedauert, bis sie wirklich verstanden haben, worum es bei bewusster Ernährung tatsächlich geht. Vor gut einem Jahr hat eine Frau, nachdem sie in unserem Fastenkurs ihr seit vierzig Jahren quälendes Rheuma verloren hatte, frustriert aufgeschrien, sie sei um vierzig Jahre ihres Lebens betrogen worden, weil ihr niemand zu Fasten und *Peacefood* geraten habe. So kann man es natürlich auch formulieren. Zwar waren die Angebote immer da, aber wir sehen natürlich nur, wozu wir Resonanz haben, und sie brauchte offenbar noch diese vierzig Jahre. Andererseits tun mir auch jene Schulmediziner leid, die solche Hinweise unterlassen und brav im Auftrag der Pharma-Industrie weiter nur Medikamente verschreiben, die gar keine Heilungschancen beinhalten – etwa bei Rheuma.

Ich habe das Beispiel gewählt, weil es gut belegt, wie wir als Ärzte immer auf irgendeine Weise „eingreifen", ob wir Angebote machen oder auch nicht. All die Mediziner, die oben erwähnter Patientin vierzig Jahre lediglich Angebote der Pharmaindustrie machten, statt Fasten und Ernährungsangebote vorzuschlagen, haben auch das zu verantworten. Dafür haben sie mein Mitgefühl. Aber auch sie haben einfach nur Angebote übersehen, allerdings, das kommt erschwerend hinzu, sehr zum Schaden ihrer PatientInnen. Mediziner haben – in meinen Augen – schon auch eine Verpflichtung zu ständiger Weiterbildung.

Ich halte vorsichtiges Eingreifen in bewusster Form für das entschieden kleinere Übel. Diese Verantwortung musst du als Arzt einfach übernehmen, immer in der klaren Erkenntnis, weder allwissend zu sein noch die karmischen Strukturen des Patienten zu kennen oder gar aufheben zu können. Wenn ich heute sage, Alzheimer sei heilbar, muss ich für solche Aussagen auch die Verantwortung übernehmen und entsprechende Angebote machen. Ich muss *wissen*, was ich da sage, und das auch belegen können. Und das kann ich und tue es in meinem vorletzten Buch *Das Alter als Geschenk*. Der ORF, der öffentliche-(un-)rechtliche Rundfunk in Österreich, hat mich zu diesem Buch mit einer Sendung inspiriert, die zu dem Schluss kam, Alzheimer sei unheilbar. All diejenigen, die sich aus Verzweiflung nach der (Selbst-)Diagnose Alzheimer umbringen, wie etwa Gunther Sachs, Robin Williams und so viele weniger bekannte, hätten eine Chance gehabt. Ereignisse dieser Art hat ein Sender wie der ORF zu verantworten, weil er – wie die meisten Mainstream-Medien – diese hoffnungsvollen, aber der Pharma-Industrie nichts einbringenden Studien verschweigen. Aber letztlich hat der ORF als Reaktion auch mein Buch mit auf den Weg gebracht. Dafür kann ich ihm danken.

Wir können und sollen gegen das Karma oder Schicksal nichts zu erzwingen suchen, können aber alles versuchen und werden dann belohnt. Aus meinem letzten Buch *Krebs – Wachstum auf Abwegen* folgt, dass Krebs – viel öfter als gedacht – ebenfalls heilbar ist. Aber natürlich müssen Betroffene einiges dafür tun, von der seelischen bis zur körperlichen Ebene, und die Angebote auch annehmen.

Mein eigenes Vorgehen würde ich „nachhaltig psychosomatisch" nennen – erst Psycho, dann Soma. Soma, den

Körper, würde ich dann so naturheilkundlich wie möglich behandeln. Am schönsten sagt es die spanische Heilige Theresa von Avila: „Lasst uns gut sein zum Körper, damit die Seele gern darin wohne." Ein wundervolles Angebot für beide Ebenen, finde ich.

Man kann Johanniskraut gegen Depression geben, das hat sich bewährt. Das ist ein Angebot, aber es muss auch richtig angeboten werden. Dazu müssen wir es zum Beispiel entsprechend hoch dosieren. Wenn wir das aber tun, hat es Nebenwirkungen – Lichtempfindlichkeit, Photosensibilität. Das muss man wissen *und* sagen. Für mich gibt es wenige Alternativen zu einer naturgemäßen Vorgehensweise. Dazu gehört allerdings viel Wissen und große Erfahrung. Vieles, was in der Schulmedizin praktiziert wird, ist für mich dagegen nicht wirklich „ärztlich". Gesunde Organe zu entfernen, damit Patienten dort keinen Krebs bekommen, halte ich für einen unverantwortlichen und auch nicht zu Ende gedachten Eingriff. Dann könnte man gerade alles wegschneiden bis zum Schluss ein Gehirn in Nährlösung übrig bliebe – mit Angst vor Gehirntumoren.

• • •

PM: Gilt auch in der Heilkunst der Satz „Leid leitet"? Hängt Krankheit, wie schon angedeutet, auch mit Bewusstwerdung zusammen? Von der Schweizer Heilerin Renée Bonanomi stammt ja der radikale Satz: „Wer bewusst ist, wird nicht krank!"

RD: Ramana Maharshi war im Alter ziemlich krank, der Karmapa ebenfalls; mein Lieblings-Heiliger, Franz von Assisi, ist sehr jung sehr krank gestorben.
Der Satz von Renée Bonanomi ist wirklich nicht nur radikal, sondern auch zu verallgemeinernd für meinen Geschmack. Was diese drei großen Heiligen und Kranken angeht, wäre ich – was ihr Bewusstsein anbelangt – sehr vorsichtig mit solchen Urteilen. Auch Eckhart Tolle kam mir bei seiner letzten Vortragsreise nach Europa doch sehr gebeugt vor, aber daraus möchte ich nicht auf Unbewusstheit schließen.
Vielleicht brauchen auch solche großen Geister einfach einen Grund zum Abtreten von der physischen Ebene. Ich kann und will das nicht beurteilen.

Natürlich könnte ich sagen, Ramana Maharshi hat den typisch hinduistischen Fehler gemacht und „sattvisch" gegessen und das so verstanden, dass jede Menge Milchprodukte gut seien. Auch in Kreisen der Transzendentalen Meditation habe ich diese problematische Ernährungslehre beziehungsweise Fehleinschätzung von Milch(produkten) erlebt. Die haben wir damals auch alle als möglichst „sattvisch" genossen. Das hat aber statt zur Erleuchtung bei Männern eher zu runden Hüften und weiblichen Brustentwicklungen geführt. Auf dem berühmten Film über Ramana Maharshi lässt sich deutlich sein weiblicher Busen erkennen. Also auch große Geister können offenbar irren und trotzdem hochentwickelt sein. Und wer weiß, vielleicht war es sein Weg. Niemand außer ihm kann sagen, wie bewusst er ihn vollzogen hat.

Ich würde den Satz so formulieren: „Je bewusster du bist, über desto mehr Wachheit verfügst du, um deine Probleme zu lösen oder deine karmischen Themen zu bearbeiten!" Wer sich gesund ernährt, viel bewegt, seinen Geist benutzt, die *Schicksalsgesetze* kennt, der wird an der nächsten Grippewelle nicht mehr teilnehmen müssen, so viel kann ich sicher – aus eigener Erfahrung und mit der vieler Patienten – sagen.

Die großen Gesetzmäßigkeiten des Lebens in Gestalt der „Schicksalsgesetze" sind einfach zu verstehen; aber nur wenige wenden sie konsequent an. Die Mehrheit geht zur Grippe-Impfung und nimmt dann trotzdem an der entsprechenden Welle teil.

PM: Sie haben Angst. Das ist das Krankheitsfeld; und jeder Ängstliche stärkt es durch seine ganz persönliche Angst noch weiter.

RD: Ja, exakt! Es kommt ja auch jeden Tag im Fernsehen, wie gefährlich das Leben ist, wie ansteckend die Krankheiten. Einmal im Jahr erlebe ich in USA eine noch viel größere und lächerlichere Angstmache über ständige Warnungen. „Slippery when wet" – „Rutschig, wenn nass", geht's noch blöder? Jeder weiß das, aber wenn man es permanent unter die Nase gerieben bekommt, wächst ein Angstfeld. Oder wir sind im Center Esalen, gehen auf einem schmalen Pfad spazieren und stoßen auf den Warnhinweis, der Notarzt habe hier keinen Zugang. Bitte, das war ein schmaler Trampelpfad! Natürlich hat dieser Irrsinn Haftungsgründe, aber nebenbei macht er Angst, und ich kenne kein Land, das so viel Angst verbreitet und wo die eigenen Bürger so viel Angst haben wie in den USA.

Stellen wir uns diese Wirkung am Beispiel des kleinen Paul vor. Er ist eines von vierundzwanzig Kindern seiner Klasse, von denen zehn schon zu Hause bleiben wegen Grippe. Warum soll er so 'blöd' sein und morgen kommen. Also fängt er schon mal an, etwas zu husten. Und tags darauf darf er ebenfalls zu Hause bleiben. Alles beziehungsweise das ganze Feld bestätigt ihn darin. Da läuft vieles auch auf unbewusster Ebene ab; aber das Kollektiv und die in ihm herrschende Angstmache hat immer erheblichen Einfluss.

Manche Fallbeispiele berühren gleich mehrere Ebenen. Wir hatten eine Frau zur Behandlung, die zwei Abtreibungen hinter sich hatte, jeweils aufgrund medizinischer Indikationen. Zuerst wegen dringendem Verdacht auf ein Trisomie 21-Kind; dann wegen möglicherweise offenen Rückenmarks.

Mit vierzig erneut schwanger, wurde ihr nach neuerlicher Amniozentese versichert, alles sei in Ordnung, ein gesundes Kind sei zu erwarten, und sie bekam das Kind. Es hatte schon nach wenigen Tagen Neurodermitis am ganzen Körper. Die Mediziner haben zu Cortison geraten, der Vater war einverstanden, die Mutter aber nicht, da sie sich über die Langzeitfolgen informiert hatte. Die Folge war eine schwere Beziehungskrise und ein langer Kampf, der in Trennung und einen vierjährigen Kampf um die Gesundheit des Kindes mündete – und viele tiefe Einsichten über das menschliche Wesen. Er war ein furchtbarer Leidensweg für sie und ihr Kind; aber sie hat sehr viel gelernt. Zum Beispiel wie ungeschickt es war, das erste Angebot als Zumutung abzulehnen; und wie naiv, den Ärzten beim dritten Versuch zu glauben, alles sei in Ordnung. Und sie hat gelernt, sich dieser weiteren Zumutung ihres Schicksals zu stellen. Schließlich wurde über das Weglassen aller Milch(produkte) und mit klassisch homöopathischer Behandlung ihr Kind mit vier Jahren symptomfrei. Vieles kam so besser in Ordnung und wurde ziemlich gut.

PM: Wir sind uns sicher alle einig, dass hinter diesem schmerzhaften Prozess ein tieferer Sinn lag, der sich zwar nicht sofort gezeigt hat, aber letztendlich offenbar wurde.

RD: Ja, davon bin überzeugt. Das entspricht vollumfänglich meiner Lebensphilosophie. Es ist dann auch nicht mehr wirklich entscheidend, ob man nun karmisch, mitgebracht oder genetisch sagt. Das sind alles Parallelebenen. Wir kommen ganz zweifellos nicht als unbeschriebenes Blatt auf die Welt, sondern sind ein deutlich beschriebenes Blatt mit einer langen Vorgeschichte, wie immer wir diese nennen mögen.

Ob mitgebracht im Sinn von Reinkarnation? Ich interessiere mich heute kaum noch für die Frage nach einem „Reinkarnationsbeweis". Wer die Bücher von Prof. Ian Stevenson sorgfältig gelesen hat, muss nicht länger nach weiteren Beweisen suchen. Stevensons Arbeit ist überzeugend für mich und entspricht meinen eigenen Erfahrungen. Ich habe selber diesbezüglich eindrückliche Déjà-vu Erlebnisse gehabt. Die müssen gar nicht als 'Beweise' für die Welt herhalten; aber für mich selber waren sie ohne Zweifel und sehr überzeugend.

PM: Was können wir aus diesen Erfahrungen für das Thema Heilung gewinnen?

RD: Nur allgemein auf die Reinkarnationsthematik zu schauen, hilft wenig. Man müsste schon auf den größeren Zusammenhang blicken, wie das in der Schatten- oder Reinkarnations-Therapie auch selbstverständlich geschieht. Inwiefern führt dich das Thema, mit dem du es gerade zu tun hast, auf die Erkenntnis des größeren Ganzen. Wenn du in der Rückführung jemanden hast, der sich umbringen will, und dann erkennt, dass er sich schon früher einmal umgebracht hat und wie das für ihn drüben ausgegangen ist, dann ist er meistens von dieser Thematik geheilt und befreit.

Es gibt einen schönen Film mit Robin Williams zu diesem Thema, *Jenseits der Horizonts*. Obwohl er in diesem Film die Hauptrolle spielte, hat er sich später doch umgebracht, angeblich, weil er bei sich Demenz vermutete. So gesehen könnte er noch leben, wenn er nur die Studie von Dale Bredesen gekannt hätte, der mit Lebensstil-Veränderungen neun von zehn PatientInnen zurück ins gesunde Leben holte und dem einen nur zu deutlicher Besserung verhalf. Die Finn-Studie zeigte Ähnliches mit Hunderten von TeilnehmerInnen. Dabei hatte Robin Williams tatsächlich sein Schutzengel oder Schicksal noch rechtzeitig den richtigen Film als Angebot und Rolle untergejubelt. Aber offensichtlich konnte er dieses Hilfsangebot nicht annehmen. Wir können daraus erkennen, wie Schicksal wirkt, tatsächlich als geschicktes Heil (lat. sal = Heil), sollten aber niemals Schicksale beurteilen.

Zusammen mit meiner ersten Frau Margit haben wir viele sehr gute Angebote in über 130 der besten Spielfilme mit unseren Deutungen als „Die Hollywood-Therapie – was Filme über uns verraten" herausgegeben. Wir können auch an fremden Schicksalen sehr gut lernen und müssen nicht alle Erfahrungen selbst machen.

Viele Menschen wollen erstaunlicherweise den größeren Zusammenhang gar nicht erkennen, nichts wissen davon. Da sprechen Leute in einer Therapiesitzung plötzlich irgendeine uralte Sprache; oder ein Maurer redet nach einer Operation klassisches Latein, was er nicht in diesem Leben gelernt hat. Da fände ich es schon hilfreich, den Rahmen für seine Lebensperspektive ein wenig weiter zu spannen. Wir hatten in der Reinkarnationstherapie einmal einen

Mann, der sich wirklich sehr gesund ernährt und nicht getrunken hat; aber trotzdem hatte er eine üble Leberschädigung. Es zeigte sich, dass er im Vorleben ein sehr extremer Trinker war. So etwas kann sich offenbar über längere Zeiträume hinziehen, bis alles wieder ausgeheilt ist. Wer in dem Bereich von Krankheit und Heilung nicht an mitgebrachte Aufgaben oder eben Karma denkt, macht es sich – in meinen Augen – nur unnötig schwer.

Bei genetischen Krankheitsbildern ist es eigentlich doch sehr deutlich. Unsere Tochter Naomi hat eine Trisomie 21 mit in dieses Leben gebracht – und wir wissen das seit Ende des dritten Schwangerschaftsmonats. Es als Aufgabe anzunehmen, ohne irgendeine Schuld auf irgendjemanden zu projizieren, erscheint mir auch nach achtundzwanzig Jahren die einzig sinnvolle Möglichkeit. Wird diese große Herausforderung und Aufgabe akzeptiert, wandelt sie sich in eine große Chance und Freude. Wir beide, als ausgewiesene Intellekt-Tiger, sind mit einem Engel voller Gefühle und Emotionen beschenkt und haben so viel mit Naomi lernen dürfen und das geht noch immer weiter. Ich wüsste keinen Weg, wie uns das Schicksal anders oder gar besser hätte beschenken, auszeichnen und lehren können. Auch habe ich durch sie wirklich gelernt, die Schulmedizin für Fähigkeiten zu achten und zu schätzen. Hätten nicht geniale Herzchirurgen in Naomis Herz eine neue

Mitralklappe und Scheidewand konstruiert – nicht auszudenken.

• • •

PM: Ein Thema, was zurzeit sehr intensiv diskutiert wird, ist der Einfluss des Bewusstseins auf die Zellen. Im Yoga gibt es beispielsweise gezielte Übungen, um auf das Zellbewusstsein einzuwirken. Wird das, etwa über die Meditation, ein kommendes, gezielt eingesetztes therapeutisches Mittel?

RD: Ich glaube schon, dass wir das im therapeutischen Einsatz immer häufiger erleben werden. Allerdings habe ich Zweifel, ob alle diese zunehmenden Eingriffs- und Einfluss-Möglichkeiten uns glücklicher machen werden. In Lateinamerika ist die vorgeburtliche Erziehung der ungeborenen Kinder ein Hit, aber glücklicher sind die Kleinen dadurch sicher nicht geworden. Ob wir unsere Zellen gentechnologisch oder gleichsam auf Bewusstseinswegen in unserem Sinn beeinflussen: Ich habe Zweifel, dass es am Ende gut herauskommt, wenn das Bewusstsein dasselbe bleibt.

Nach meinem Gefühl stehen wir erst am Anfang weiterer spektakulärer Entwicklungen – auch in der Medizin. Allerdings graut mir, wenn ich die Entwicklung in der amerika-

nischen Schulmedizin sehe: Tumor-Marker-Check, Gen-Checks, ständige Körper-Chemie-Kontrolle – in Zukunft dann wohl alles mit eingebautem körpereigenen Chip. Der überprüft permanent die Körper-Daten und funkt sie auf die smarte Uhr. Diese wird das neue Smartphone und schickt die Daten gleich an die Klinik.
Schöne neue Welt!

PM: Es steht zu befürchten, dass diese Entwicklung ganz schnell nach Europa herüberschwappt; und die Schulmediziner in Europa sind längst begeistert.

RD: Die Amerikaner sind da wie wild hinterher, wenn man etwa deren Star-Mediziner David Agus liest; und bestimmt werden sie mal wieder – eigentlich wie immer – zu unseren großen Vorbildern.
Wobei es auch ganz banale Vorteile haben kann: Wenn du einen Folsäure-Mangel hast, bekommst du sofort eine Nachricht auf dein Handy, dass du Feldsalat kaufen sollst. Du bist von innen komplett überwacht. Ich bin von der Grundidee gar nicht so weit entfernt, mit einem zentralen Unterschied: Ich möchte von meinem eigenen Bewusstsein überwacht werden und meinen „Inneren Arzt" beziehungsweise meine innere Stimme in Form bringen. Das tue und lehre ich ja auch mit Erfolg.

PM: Könnte es auch zu einer sinnvollen Synthese zwischen Technik und meditativem Bewusstsein kommen?

RD: Wir haben heute schon Felder, auf denen dies geschieht. Bei Prothesen haben wir bereits Roboter im Einsatz. Die Patienten können ihr Gehirn so trainieren, dass es ihre Prothesen bewegt. Da kommen Technik und Bewusstsein ebenso beeindruckend wie sinnvoll zusammen. Man braucht Konzentration und High Tech. Ich habe mir vor einigen Jahren diese Technologie in Orlando einmal angeschaut. Für Menschen mit einer Behinderung ist das durchaus eine fabelhafte Sache. Diese Roboter sind heute sicher schon vollständig steuerbar durch Gedankenkraft. Allerdings kosten sie noch unvorstellbare Summen. Das war allerdings bei den ersten Hochleistungs-Computern auch so – und heute gibt es diese Technologie für wenig Geld überall. Man muss wirklich genau hinsehen, wo die Synthese Mensch-Maschine sinnvoll ist.

Persönlich glaube ich allerdings, wenn wir mithilfe von (Mind-)Technik und anderen Tricks die Lernaufgaben zunehmend unterlaufen, die uns unser Schicksal unterbreitet, gelangen wir nicht – wie gewünscht – an den längeren Hebel. Stattdessen werden wir erleben, wie das Schicksal nur stärker zuschlagen wird, um uns beizubringen, was wir zu lernen haben auf unserem Weg zu uns selbst.

Ein gutes Beispiel dafür sind Versicherungen. Je stärker man sich versichert, desto sicherer wird keineswegs das Leben. Auch die teuerste Lebensversicherung wird dasselbe kein bisschen sicherer machen. Mit noch so cleveren Versicherungen provozieren wir lediglich stärkere Schicksalsschläge. Alle meine Erfahrungen zeigen, dass wir uns so gerade nicht absichern können. Die einzige Sicherheit besteht vielmehr darin, zu erkennen, dass – *panta rhei* – alles fließt und in Bewegung ist und nichts so sicher ist wie der Tod.

PM: Es gibt ja Forscher, wie etwa Elon Musk, dem man sicher keine große Technik-Skepsis vorhalten kann, die entschieden vor den Auswüchsen von KI (Künstlicher Intelligenz) warnen.

RD: In Amerika läuft das schon längst aus dem Ruder. Die Amerikaner kommen mir da vor wie kleine unbewusste Kinder. Da gibt es einen Pflanzen-Forscher, der hat sein Garagentor mit einem Baum vernetzt. Er kann mit dem Baum kommunizieren: Wenn er nach Hause kommt, reagiert der Baum auf ihn und öffnet das Garagentor! Das ist natürlich nur eine nette harmlose Spielerei; aber an solchen Geschichten erkennt man doch schon, was auf uns zukommt. Ich bin kein Anhänger davon und sehe auch das große Gefahrenpotenzial: Aber es wird kommen! Insofern lohnt es sich, das Beste daraus zu machen; denn nach dem wichtigsten der *Schicksalsgesetze* hat alles zwei Seiten: Wie zu jedem Schatten Licht, gehört zu jeder hässlichen eine schöne Seite. Das *Schattenprinzip* ist immer mit im Spiel.

KM: Im Yoga wurde die Veränderung des Zellbewusstseins schon fünfzig Jahre vor Bruce Lipton und anderen praktiziert. Wenn man das heute therapeutisch einsetzt, wohin könnte die Reise gehen?

RD: Wir haben daran im Privaten schon vor vielen Jahren gearbeitet, bevor unsere Tochter geboren wurde. Dabei habe ich festgestellt, ohne hier allzu persönlich werden zu wollen, wie viel sich verändert, wenn man wirklich in die Tiefe geht. Dabei reden wir in letzter Konsequenz natürlich „nur" über BEWUSSTSEIN. Wenn man beginnt, sich auf die Ebene der Zellen einzustimmen, tritt oft sehr rasch eine Veränderung ein. Wobei ich mit meiner Einsicht von heute feststellen kann: Die Dinge nehmen oft eine völlig andere Wendung, als man anfänglich geahnt hat. Auch anders, als man es oft gewollt hat! Ich verlasse mich da auf so alte traditionelle Erkenntnisse wie: „Es geschieht, was Du willst, oder etwas Besseres!" oder „Bedenke, was Du Dir wünschst, es könnte Dir gewährt werden."

KM: Aber immer mit einer tiefen Sinnhaftigkeit?

RD: Unbedingt! Ich habe heute nicht den geringsten Zweifel daran, dass wir immer dann, wenn wir meinen, etwas sei komplett schiefgelaufen, noch nicht das ganze Bild vor Augen haben. Sehr schön kommt das im empfehlenswerten Film *The Best Exotic Merigold Hotel* heraus, wenn der Hotel-Chef sagt: „Am Ende ist alles gut, und wenn es nicht gut ist, ist es nicht das Ende."

Das Ende stellt sich zumeist völlig anders dar als erwartet. Du wirkst auch durch deine Entscheidungen wieder auf deine eigene Zellebene ein. Ich bin überzeugt, dass hinter allen Prozessen eine für uns noch unfassbare Intelligenz wirkt, die alles zur Vollkommenheit und damit letztlich zum Guten lenkt. Wir erfassen das Sinnhafte allerdings erst dann, wenn wir es rückblickend betrachten können. Das hat Kierkegaard so schön formuliert: „Die Tragik unseres Lebens ist, dass wir es vorwärts leben müssen, aber nur rückwärts verstehen können."

• • •

PM: Wir haben anfänglich schon einmal die Chakras erwähnt. Welche Rolle könnte den körperlichen (oder feinstofflichen) Energiezentren in einer zukünftigen Heilkunst zukommen?

RD: Wir finden überall in der Schöpfung Hierarchien, Ordnungen und Strukturen. Das ist eine unbestreitbare Tatsache. Für mich fügen sich die Chakras da problemlos ein. Damit habe ich überhaupt keine Schwierigkeiten. Ich bin vom Konzept der Chakras schon seit Langem überzeugt und habe selbst Seminare dazu gegeben. Die Bücher von Charles W. Leadbeater oder die Kunst von Alex Grey haben mich durchaus beeinflusst. Wir haben heute faszinierende Bilder und Beschreibungen von Energiefeldern. Ich habe sogar mal eine CD *Energie-Arbeit* dazu gemacht und mit Prof. Dr. Raimund Jakecz, dem ehemaligen Chefarzt der AKH Wien, ein Wochen-Seminar dazu gegeben. Es wäre zu schade, alle die sich aus den Chakras ergebenden Erkenntnisse in der Medizin zu ignorieren. Wir könnten natürlich eine Menge von der Medizin alter Traditionen lernen, der indischen, chinesischen oder tibetischen und noch vieler anderer. Viele Ärzte praktizieren das ja auch längst, es ist lediglich die Schulmedizin, die sich da so schwer tut. Als sie Jahrzehnte zu spät die Darmflora entdeckte, von der wir Fastenärzte schon ewig sprachen, tauften sie sie in Mikrobiom um, und das machte es dann schulmedizin-fähig. Als sie, Jahrhunderte zu spät, Aspekte der schamanistischen Medizin anerkannten, hoben sie das geschwollene Wort Psychoneuroimmunologie aus der Taufe. Wenn die Schulmedizin dann irgendwann die Chakra-Wirklichkeit entdeckt, dürfen wir uns wieder auf einen geschwollenen Ausdruck für ihre neueste „Entdeckung" gefasst machen. Das ist Ausdruck mangelnden Selbstbewusstseins und kann einem fast schon wieder leidtun. Auf alle Fälle ist es je früher desto besser, dieses Wissen zu integrieren, dadurch steht es auch den Wissenschaftgläubigen zur Verfügung, und insofern ist auch der Schulmedizin für ihre kreativen Wortschöpfungen zu danken.

• • •

PM: Der Begriff „Energiemedizin" wird heute schon von etablierten Wissenschaftsverlagen verwendet.

RD: Ich habe mit diesem Begriff sowieso kein Problem. Für mich ist beispielsweise der „Verbundene Atem" eine Form von Energiemedizin. Das ganze Ernährungsthema dreht sich letztlich um „Energie", um die Aufnahme von „Lebensenergie" durch die Nahrung. Pflanzennahrung ist für mich ungleich energetischer als der Konsum von Fleisch, der obendrein Krebs fördert, oder von Milchprodukten, die zusätzlich noch so vieles im Organismus verschleimen und Osteoporose fördern. Mit *Geheimnis der Lebensenergie* habe ich bezüglich der Ernährung dem Thema ein eigenes Buch gewidmet, in dem ich auch den deutschen

Physiker Prof. Fritz Albert Popp, der den Begriff der Biophotonen eingeführt hat, würdige. Ich spreche gern und viel vom Leuchten des Lebens; und wenn Lehrer manche Schüler abkanzeln, dass sie keine Leuchten seien, muss es im Gegenzug doch auch Leuchten geben. Wir sprechen ja auch von Menschen mit Charisma und kennen zumindest aus der Geschichte solche mit Heiligenschein – und das in vielen, ja den meisten Kulturen.

Die östliche Philosophie und Medizin geht sowieso weitgehend davon aus, dass wir alle schon erleuchtet und befreit seien und uns nur für diese Erkenntnis öffnen müssten, um unser inneres Licht scheinen zu lassen. Meine Arbeit sehe ich entsprechend auch in der Hinsicht, die äußeren Zwiebelschalen, mit denen wir unser inneres Leuchten vor der Außenwelt verbergen, zu reinigen im Sinne von Entschlackung und Detox auf den drei Ebenen Körper, Geist und Seele. Das ist für mich ein wesentlicher Aspekt des Fastens und der *Peacefood*-Ernährungsstrategie, die ich beide nicht auf die körperlich-materielle Ebene beschränkt wissen möchte.

PM: Warum blockiert hier die Schulmedizin noch so vehement?

RD: Ich kann das auch nicht nachvollziehen. Es gibt doch die simpelsten Beispiele von „Ausstrahlung". Sehen wir uns die Schulsituation an: Da kommt ein Lehrer oder eine Lehrerin in die Klasse, und die Bande tobt. Kommt eine andere oder ein anderer – und es herrscht sofort Ruhe. Das ist die natürliche Ausstrahlung von Autorität und etwas ganz anderes als autoritär. In anderem Zusammenhang sprechen wir von „Charisma".

Ausstrahlung findet sich überall. Die Heiligenscheine christlicher Tradition sind doch nichts anderes als ein aktiviertes Kronen-Chakra oder der tausendblättrige Lotos auf den Bildern oder Statuen des Buddha. Darüber müsste eigentlich gar nicht diskutiert werden. Wir finden es in so vielen Traditionen weltweit. Aber in unserer modernen Gesellschaft wird – leider, aus meiner Sicht – in den Medien den sogenannten Skeptikern immer mehr Raum eingeräumt. Das ist eine Vereinigung – ich nehme an von der Konzernwelt kräftig unterstützt – die bei jeder Gelegenheit und mit den ihnen eigenen Beschränkungen das Weltbild der alten Physik propagieren, bei jeder Gelegenheit Schulmedizin und Pharmaindustrie verteidigen und gegen Komplementär-Medizin und alles nicht Sichtbare und noch nicht messbare wie eben die Chakren-Energien und das Wissen um Nadis, Meridiane sowie Spiritualität überhaupt wettern, selbst wenn die seit Jahrtausenden bekannt und zum Nutzen vieler in anderen Kulturen verwendet werden. Zwar sind – aufgrund der Beschränkung auf die alte Physik

– die dünnen Argumente von Skeptikern immer leicht und oft sogar mit Studien zu widerlegen, aber das lassen diese Leute kaum an sich heran, weshalb ich glauben muss, dass sie für ihre Lobhudelei einerseits und Destruktionspolitik andererseits wohl gut entlohnt werden.

Nehmen wir das Beispiel der Rutengänger. Überall auf der Welt wird diese Methode angewandt, um Wasser zu finden oder Störfelder aufzuspüren. Man muss doch komplett naiv sein, um zu sagen: „Das ist alles Unfug!" Aber genau das geschieht bei solchen Leuten! So etwas macht mich manchmal schon fassungslos. Wer heute allen Ernstes sagt, Energiebahnen und die entsprechende -medizin gäbe es nicht, der liegt doch offensichtlich völlig daneben. Das ist teilweise schon mutwilliges Verleugnen von Tatsachen. Gegenargumente wie Suggestion und Placebo-Effekt sollten doch allein schon mit erfolgreicher Akupunktur von Tieren vom Tisch sein – aber eben nur bei Menschen, die in ihrem Denken frei sind und nicht irgendwelchen verengten Konzepten oder Auftraggebern verpflichtet.

• • •

PM: Heute stehen Ernährungsfragen sehr im Vordergrund, was wir einem der erfolgreichsten Sachbuchautoren zu diesem Themenbereich ja nicht erklären müssen. Nun hat die Süddeutsche Zeitung vor Kurzem in einem Artikel berichtet, die Menschen könnten das Wort „Diät" nicht mehr hören, und sich gleichzeitig auf das Jesus-Wort bezogen: „Nicht das, was in den Mund hineinkommt, macht den Menschen unrein, sondern das, was aus ihm herauskommt." (Matth. 15,11) Hat die Gesellschaft da etwas überzogen?

RD: In diesem Fall möchte ich der Süddeutschen einmal ausdrücklich beipflichten. Allerdings bin ich vorsichtig, was die Berichterstattung der führenden deutschen Blätter angeht wie SZ, „ZEIT", Stern oder Spiegel, in Österreich hat sich der „Standard" bis zur Unlesbarkeit als Sprachrohr der beschränkten Skeptiker-Sicht herabgewürdigt. Hier ist allerdings die ganze Szene auf einem peinlich unobjektiven Standard gelandet, was sich auch in verdientermaßen ständig sinkenden Auflagen spiegelt.

Aber auch was die sogenannten öffentlich-rechtlichen Medien anbelangt, muss ich akzeptieren, dass sie öffentlich sind, aber von rechtlich oder gar gerecht kann ich – nach vielen eigenen Erfahrungen – in Bezug auf Spiritualität und Naturheilkunde schon länger nicht mehr ausgehen. Über Komplementär- oder Alternativmedizin berichten sie extrem einseitig, tatsächlich wie Hauspostillen der Pharmaindustrie. Daher gebe ich auf die Berichterstattung in den

Mainstream-Medien nicht mehr allzu viel. Die sind, da bin ich mir ziemlich sicher, in hohem Maße abhängig von ihren Anzeigenkunden und anderen Geldgebern, heute Sponsoren genannt. Die reden ganz bestimmt bei der Artikelgestaltung in den Gesundheitsbereichen mehr als ein Wörtchen mit, so wie die Autofirma VW erwiesenermaßen in einem deutschen Bundesland die Regierungserklärung gleich selber schreiben durfte.

Ich stimme jedoch der Grundbeobachtung in dem SZ-Artikel durchaus zu. Die Leute machen, um von ihrem Übergewicht wegzukommen, einen Unfug nach dem anderen. Sie sind letztlich wohl mehrheitlich sehr verunsichert. Viele können vor lauter Sorgen und Befürchtungen nicht mehr angstfrei essen! Auch wird mit der aufgewendeten Zeit für die Ernährungszubereitung übertrieben.

Eigentlich ist es einfach: Es muss beim Abnehmen leicht gehen, was gelingt, wenn die seelischen Gründe für ein Übergewicht geklärt werden. Daran schreibe ich als Nächstes unter dem Titel „Welchen Körper braucht meine Seele", also eine Anleitung, sein Individualgewicht zu finden. Wenn die seelischen Muster hinter dem Übergewicht – wie Belohnungsessen, Kummerspeck und das dicke Fell als Beispiele – durchschaut sind, machen auch Ernährungs-Umstellungen durchaus Sinn und ermöglichen es, das Individualgewicht rascher und auf gesünderen Wegen zu erreichen.

Dann wird es leicht gehen wie etwa beim Kurzzeit-Fasten. Und vor allem muss das Essen weiterhin schmecken. Deshalb habe ich gleich nach *Peace-Food*, das die vegane Welle mit initiierte, *Peace-Food – das vegane Kochbuch* mit den best- schmeckenden pflanzlich-vollwertigen Rezepten geschrieben. Als ich merkte, wie sehr zeitlich beim veganen Kochen übertrieben wurde, kam *Peace-Food – vegan einfach schnell*. Essen ist wichtig, aber nicht das Wichtigste auf Erden. Trinken etwa ist tatsächlich noch wichtiger; und Atmen noch wichtiger als Trinken.

Wir machen bei unseren Wochen in TamanGa deshalb statt einer Wein-, eine Wasser-Probe! Aus zehn verschiedenen Wässern reifer Quellen können die TeilnehmerInnen selbst auswählen. Das hat sich sehr bewährt. Geschmack ist etwas so Ureigenes wie die innere Stimme. Dieser zu folgen und seinen eigenen Geschmack zu finden, ist eine überaus wertvolle Erfahrung. Beide zu entdecken, lohnt sich wirklich sehr. Wer herausfindet, was ihm schmeckt und gut bekommt, ist so viel besser dran. Die innere Stimme ist in gewisser Weise verwandt mit unserem „inneren Arzt"! Wenn etwas nicht schmeckt, hat es als Kostform keine Perspektive und im Leben auf Dauer keine Chance.

Fasten ist dabei eine wundervolle Möglichkeit, seiner inneren Stimme und seinem eigenen Geschmack näher zu kommen; wer herausfindet, was ihm wirklich schmeckt und zusagt, kann so viel besser entscheiden und seinen eigenen Weg finden. Im Sinn des Matthäus-Zitates sage ich seit Jahrzehnten: Nicht nur der Hosen- und Rockbund müssen weiter werden, sondern vor allem das Bewusstsein. Mit zunehmendem Bewusstsein lässt auch die aus dem Mund kommende Gift-Flut nach.

Und natürlich ist bei Essen wie beim Gegenpol Fasten und Detox die Seelen- und Geistebene noch wichtiger als die körperliche. Das ist bei meiner zweimal pro Jahr online angebotenen „Idealgewicht-Challenge" jeweils zentrales Thema. Allerdings sind die meisten Menschen viel mehr an der konkreten Darmreinigung als an der ihrer Seele oder ihres Geistes interessiert.

Aber natürlich erspare ich ihnen die seelische Ebene nicht. Erst anschließend kommt auch der Körper zu seinem Recht – in der Reihenfolge, die das Wort Psycho-somatik vorgibt.

Als Erstes empfehle ich, alles Gefährliche, Giftige und Schädliche wegzulassen. Wenn wir nur auf pflanzliche Kost umsteigen, sinkt der Gifteintrag – laut Schweizer Studie – schon um 93%, denn so viel nehmen wir mit Tierproteinen auf. Wenn wir im Sinn von „Peacefood" noch den Schritt über pflanzlich hinaus zu vollwertig schaffen, werden auch die verbliebenen 7% noch weniger.

Als zweiten Schritt würde ich noch Frische und die schon erwähnten Bio-Photonen und das Leuchten des Lebens in mein Dasein einladen.

Als drittes achte ich – wie viele Junge, die diesbezüglich von Biohacking sprechen – darauf, noch ein paar Glanzlichter zu setzen, also mir immer genug Vorstufen vom Wohlfühlhormon Serotonin und vom Glückshormon Dopamin zu gönnen. Als „Peacefood"-Esser brauche ich natürlich auch das richtige B12 und habe gern noch genug B6, wodurch ich meine Träume besser erinnere. Wir brauchen auch viel mehr Vitamin D, als die Schulmedizin heute annimmt, und ich hätte gern ausreichend Biotin und Folat. Also das klingt aufwendig, ist aber alles in der kleinen roten Pille *Amorex* enthalten, die ich morgens und abends schlucke. Dazu noch *Take me Omega-3*, das auch genug DHA und EPA enthält, da es mir zu aufwendig ist, mit der Kost auf genügend dieser Fettsäuren zu achten. So viel Leinsamen, Hanföl und Walnuss kann ich gar nicht essen, wie ich da bräuchte.

Den dritten zauberhaften Neurotransmitter, das Wachstums-Hormon HGH, hole ich mir über „Kurzzeitfasten", das ich schon seit vierzig Jahren mache. Wir können tatsächlich über unser heutiges Wissen eine ganze Reihe Jungbrunnen-Effekte in unser Leben holen.

PM: Das scheint mir ein ganz wichtiger Punkt zu sein: Selbst zu erspüren, was ich mag und was ich nicht mag. Das gibt mir in meiner Ernährung auch wieder meine Freiheit zurück.

RD: Ja, in jeder Hinsicht. Und je älter, je wichtiger wird das, denn dann können wir Fehlernährung nicht mehr so leicht kompensieren. Hätte ich auf meine innere Stimme gehört, hätte ich schon als Kind kein Fleisch mehr gegessen und Obst und Gemüse bevorzugt. Auf Letzteres beschränke ich meine Ernährung seit zehn und auf ersteres verzichten ich seit fünfzig Jahren und habe es keinen Tag bereut.
Wir sollten uns vom Intellekt und von Vater Staat nicht so verrückt machen lassen, sondern unsere eigene klare Linie einhalten, eher angelehnt an Mutter Natur. Das gilt ganz generell für alle Bereiche: Die wichtigen und entscheidenden (Lebens-)Regeln und -Gesetze sind einfach und einleuchtend.

Kürzlich konnte ich Gerald Hüther gewinnen, mit mir das Alzheimer-Thema in einem Buch aufzugreifen. Ich wollte aus der psychosomatischen Sicht der Krankheitsbilder-Deutung schreiben und den Lebensstil-Teil mit der Ernährung übernehmen, er wollte den wissenschaftstheoretischen Part bearbeiten. Aber kurz vor Ende fanden wir, dass es zwei Bücher in einem waren und machten dann auch lieber zwei daraus. So schrieb ich *Das Alter als Geschenk* doch allein – das war viel klarer und für uns beide und sicher auch für die Leser erleichternd. Wie schon erwähnt, stellt es Missverständnisse klar und gibt viel Hoffnung.

Schnell merkte ich dann beim Durchsehen einschlägiger Studien, beim Berücksichtigen relevanter Ernährungsprogramme, beim Durchforsten und Auswerten der Ergebnisse, das wird kompliziert; und wer kann das schon alles lesen und vor allem befolgen? Meine Erleichterung war groß, als ich am Ende fand, es geht auch ganz einfach und klar. Es geht darum, *wieder zu werden wie die Kinder* und rechtzeitig unser inneres Kind zu entdecken, um unsere Seele zu nähren; und auf körperlicher Ebene wieder einfach zu leben, pflanzlich-vollwertig mit einem entsprechenden Ölwechsel und einer wesentlich ketogenen, also eiweiß- und fettreichen, wohlschmeckenden Kost, die das Gehirn wieder ernährt wie in *Peacefood-Ketokur* mit vielen Rezepten illustriert. Die Botschaft ist simpel: Lasst es uns wieder einfach machen für Körper und Seele!

Wir sollten wieder lernen, die Dinge aus uns heraus und für uns zu erspüren. Was ist gut für mich, was ist eher nachteilig? Das gilt es zu lernen! Zum Beispiel ist es mit der Alzheimer-Prophylaxe eben ganz einfach: Gut schlafen, vernünftig essen, auf ursprüngliche Kost achten, statt Hybride oder genetisch veränderte Nahrungsmittel zu sich zu nehmen. Die schauen gut aus, bringen auch mehr Ertrag, aber sie sind einfach nicht gut für uns! Und vor allem: Unser kindliches Staunen wiedergewinnen.

Hinzu kommen die Sonnenstrahlen. Biophotonen sind – wie schon gesagt – in der Energiemedizin von großer Bedeutung. Die Forschungen von Fritz Albert Popp haben dazu Bahnbrechendes geleistet. Wir müssen uns vor Augen führen, dass der Mensch im Grunde ein „Lichtsäuger" ist wie Erwin Schrödinger schon sagte. Wir nehmen Licht über die Haut und unsere Nahrung auf und strahlen es wieder in die Welt ab. Licht ist für unsere Gesundheit ein genauso wichtiger Faktor wie Wärme! Dann kann *Das Alter als Geschenk* erlebt werden.

• • •

PM: Richten wir für einen Augenblick unsere Aufmerksamkeit auf die Homöopathie. Wir waren vor einiger Zeit bei Vithoulkas in seinem wunderschönen Institut auf Alonissos. Homöopathie ist ja schon von ihrem Grundansatz her eine „feinstoffliche" Heilweise. Wir haben Vithoulkas dann auch über den Einsatz von Hochpotenzen gefragt und waren überrascht, als er uns sagte, er würde sein Wissen darüber nicht veröffentlichen. Es gäbe eine zu große Gefahr des Missbrauches; vor allem seitens des Militärs. Könnte diese Warnung berechtigt sein?

RD: Das hängt davon ab, was er wirklich weiß, aber warum sollten wir ihm nicht glauben. So viele Wissenschaftler haben zu spät gemerkt, was der militärisch-industrielle Komplex mit ihren Forschungen angestellt hat. Friedrich Dürrenmatt hat das in *Die Physiker* für viele Ebenen gültig beschrieben. Dem Physiker Oppenheimer tat sein Beitrag im „Manhattan-Projekt", das den USA die Atombombe ermöglichte, so leid, dass er den Sowjets das Geheimnis verriet, um den Schaden zu begrenzen. Die beiden Wissenschaftlerinnen, die die Genmanipulation labortechnisch möglich machten, riefen beide zu einem Moratorium auf.

PM: Vithoulkas ging davon aus, man könne über die Hochpotenzen unmittelbaren Zugriff auf das Bewusstsein nehmen.

RD: Ich kann das nicht beurteilen und möchte es nicht bewerten. Ich bin nie so ein großartiger Homöopath geworden. Das erfordert sehr viel Erfahrung und völlige Hingabe an dieses eine Thema. Ich habe mich von diesem Bereich gelöst, aber weiß von beeindruckenden Ergebnissen mittels Homöopathie und speziell der Hochpotenzen.

PM: Dann formulieren wir einmal einen provokanten Gedanken: Das Antibiotikum ist ja gewissermaßen der Gegenspieler der Globuli. Ist die Chemie daher eine Weiterentwicklung der Alchemie oder eher ein Rückschritt? Von der Ganzheitlichkeit zur Gespaltenheit? Kann ein Patient vielleicht durch innere Konzentration die Wirkung des Antibiotikums beeinflussen?

RD: Das glaube ich ganz sicher! Du kannst durch Konzentration alles beeinflussen. Die Homöopathen, bei denen ich damals gelernt habe, vertraten den Standpunkt: „Die Hochpotenz setzt sich immer durch!" Du kannst Tee trinken, Kaffee konsumieren oder Cortison spritzen – die Hochpotenz hat die stärkere Wirkung. Heute gibt es aber viele Homöopathen, die solche Einwirkungen als störend, wenn nicht gar verhindernd empfinden.

Das ist ein weites Feld.

Wenn wir bedenken, dass laut Bibel der Glaube Berge versetzen kann, ist mit Konzentration vieles, um nicht zu sagen alles zu erreichen.

Man kann mit einem Antibiotikum und seinen Nachwirkungen auf verschiedene Weise umgehen. Es gibt Mittel, um seine immer auch auf den Darm durchschlagende Wirkung abzufedern, und man kann später mit Fasten und Symbiose-Lenkung mit Mitteln wie Rechtsregulat den Darm wieder sanieren.

Mir machen aber zurzeit weniger die Wirkungen der Antibiotika Sorgen als der Umstand, dass sie vielleicht bald nicht mehr wirken, beziehungsweise wir keine Antibiotika mehr haben, die noch wirken. Man kann keine komplizierte Herz-Operation vornehmen ohne Antibiotika, das wäre lebensgefährlich. Aber es auch bei jedem Zähneziehen einzusetzen, halte ich für maßlos übertrieben. Im Augenblick bewegen wir uns durch ihren übertriebenen Einsatz in der Medizin, der zum Hospitalismus führt, und durch den maßlosen Missbrauch in den Massen-Tier-Zucht-Häusern in eine extrem gefährliche Situation, weil wir uns mit den Antibiotika hochwirksame Medikamente aus der Hand schlagen.

Am übelsten ist der Einsatz von Antibiotika in der erwähnten Massen-Tierhaltung. Es ist einerseits grausam, was dort praktiziert wird; und andererseits und vor allem führt deren Einsatz in diesem Bereich zu zunehmender Resistenz von Keimen. Viele Tierärzte, mit der Erlaubnis in Deutschland, Antibiotika selbst zu verkaufen, machen sich in einem Ausmaß strafbar an der allgemeinen Gesundheit, das sie wohl selbst noch längst nicht verstanden haben, sonst würde ein Mensch wohl kaum seine Seele dermaßen belasten.

Die Verwendung von homöopathischen Hochpotenzen werden wir vielleicht handhaben lernen. Das Problem mit den Antibiotika stellt für mich die weitaus größere Gefahr dar, und ich bin ja ein Anhänger der Integration und Synthese und fand es sehr angemessen, dass die alten Apotheken früher ein Schaufenster mit Homöopathie und das andere mit Allopathie hatten. Ich glaube, wir brauchen beide, auch wenn ich natürlich immer froh bin, keine Antibiotika einsetzen zu müssen, und sehr offen für Homöopathie bin.

• • •

PM: Welche Rolle wird die Psychoneuroimmunologie in der Heilkunst der Zukunft spielen?

RD: Ich glaube und hoffe eine große, denn das ist ein richtiger Ansatz, der zumindest einen Brückenschlag zwischen Schulmedizin und Komplementär-Medizin, zwischen Körper und Seele wie auch Immunsystem wagt. Das machten Schamanen schon immer und ganz selbstverständlich. Mit dem komplizierten Namen wollte man wohl mit einem im Prinzip richtigen Gedanken einen schulmedizinisch plötzlich akzeptierten, aber an sich uralten Bereich als ganz neue Entdeckung aufbauen, beziehungsweise erscheinen lassen. Offensichtlich ist das insgesamt natürlich sehr gut.

Wir schaffen es so nur immer wieder, einfache Prozesse zwischen Körper und Seele in ein kompliziertes Schema zu pressen. Seit der Darm wieder in Mode gekommen ist, vor allem durch das Buch von Giulia Enders, sprechen wir vom „Mikrobiom". Die alten Fastenärzte kannten sich natürlich hervorragend mit der Darmflora aus; aber heute müssen es Messwerte und was weiß ich was für Analysen sein. Diese „Messwerte-Arroganz" für längst bekannte Zusammenhänge wirkt in gewisser Hinsicht anmaßend, obwohl die Kenntnis bestimmter Werte auf der anderen Seite manchmal auch nützen kann.

Wir finden in der Geschichte der Menschheit immer wieder bestimmte Bewertungen für das, was wichtig und anerkannt ist. Anfangs waren es die Religionen, die sich einen Alleinvertretungsanspruch anmaßten, für eine gewisse Zeit galt aber auch die Astrologie als „Königin der Wissenschaften", dann war es die Philosophie und heute ist es die Physik. Der Königinnen-Stuhl ist ein Schleudersitz. Die Wissenschaft ist hilfreich, wir brauchen sie. Nur müssten wir sie auch kritisch hinterfragen, was ihren Alleinvertretungsanspruch angeht, und wir dürfen auch schmunzeln, wenn sie sich wieder einmal etwas Uraltes unter den Nagel reißt und so tut, als sei es ihre Entdeckung. Das wird wohl auch noch mit der chinesischen und der indisch-ayurvedischen Medizin geschehen. Um das vorherzusagen, muss man wirklich kein Prophet sein.

Trotzdem ist es ein richtiger Ansatz: Die Schulmedizin sollte viel mehr und rascher Aspekte der Komplementär-Medizin und aus anderen Medizin-Kulturen integrieren, wenn sie nicht noch mehr Glaubwürdigkeit und Vertrauen in der Bevölkerung verlieren will.

• • •

PM: Die frühen griechischen Therapeuten in der nach-pythagoräischen Epoche hatten ein ganzheitliches Welt- und Menschenbild. Alles war mit allem verbunden. Seit Descartes hat sich das dramatisch verändert. Die Geist-Körper-Spaltung, die seit mindestens zwei Jahrhunderten den Westen dominiert – auch in der Medizin – hat entscheidend zu den Konflikten beigetragen, mit denen wir es heute zu tun haben.

RD: Ja, das ist natürlich so. Doch auch das alte System hatte seine Schwächen und Anmaßungen. In Zeiten von Semmelweis hat die Schulmedizin vom „genius epidemicus" gesprochen. Dann hat Semmelweis das Kindbettfieber durchschaut und durch logische Analyse eine Lösung des Problems gefunden. Besser also eine seriöse wissenschaftliche Forschung als ein eingebildeter „genius epidemicus"! Die Wissenschaft hat ihre Berechtigung auf *ihrem Gebiet*. An ihr haben wir eine wertvolle Erkenntnis-Methode, wenn sie sauber durchgeführt wird. Also durchaus auch evidenz-basiert, nur bitte nicht eminenz-blasiert. Letzteres ist ein Rückfall zum Genius epidemicus und heute leider sehr häufig.

Wir brauchen eine ins Detail gehende, auf Analyse bauende wissenschaftliche Medizin-Forschung, aber eben auch den ganzen Menschen im Auge behaltende Ärzte und eine entsprechende Medizin. Das eine *ohne* das andere verursacht die Probleme. Wenn der reduktionistische Ansatz zur „Niere von Zimmer 16" führt, ist das problematisch und endet in der Sackgasse. Wenn aber die Professorenschaft bezüglich des Kindbettfiebers vom Genius Epidemicus schwadroniert, wie zu Semmelweis Zeiten, ist das vielleicht noch schrecklicher. Da fehlt dann die Analyse.

Also beide Ansätze haben ihre Licht- und Schattenseiten und ergeben erst in der Zusammenschau jene ganzheitliche Medizin, die PatientInnen bräuchten. Ich habe mich viel um die Schattenseiten der Schulmedizin gekümmert, aber es gäbe auch genug im Bereich sogenannter spiritueller

Angebote zu durchschauen. Bei den Schulmedizinern habe ich eher die größere Hoffnung, dass sie integrationsbereit sind, und ich weiß auch schon von vielen, wie glücklich sie die Öffnung ihres Weltbildes gemacht hat – zumal es ja um Komplementierung, also Ergänzung, und nicht um Alternativen geht, insofern auch um Komplementär- und nicht an Alternativ-Medizin.

Aber, um es ganz deutlich zum Ausdruck zu bringen, es gibt da auch einigen dringenden Nachholbedarf: Wenn die Schulmedizin etwa von Vorbeugung, Vorsorge, Prävention oder Prophylaxe spricht und dann nur Früherkennung anbieten kann, ist das unseriös. Für Vorbeugung muss man etwas vom „Wesen der Krankheit" verstehen. Bei *Krankheit als Symbol* geht es genau darum. Ich muss – im Sinne der Salutogenese – erstens verstehen, worum es beim jeweiligen Krankheitsbild geht, um zweitens eine Wandlung, eine Transformation, herbeiführen und sie dann drittens ins eigene Weltbild einordnen zu können.

Wissenschaft ist leider – zu ihrem eigenen Schaden – zu einer Art neuer Religion geworden und zwingt uns eine bestimmte Denkweise auf, eben die des Reduktionismus, der ganzheitlichem Verständnis entgegensteht. Insofern ist es dann ein Segen, dass wir so etwas wie die Psychoneuroimmunologie haben, denn sie schlägt immerhin eine Brücke zwischen den Bereichen Körper und Seele und ist in diesem Sinn psychosomatisch.

Aber gerade weil die Wissenschaft allmählich Religionscharakter angenommen hat, sind ihre Erkenntnisse auch wieder wichtig, wie wir beim Fasten sehen können. So viele (Wissenschafts-)Gläubige vertrauen ihr und nehmen Fasten aufgrund der jetzt vorliegenden Studien erstmals ernst und wichtig, wie auch die neue pflanzlich-vollwertige Ernährungslehre.

Ich hatte als Fasten-Arzt nie Probleme mit dem Selbstbewusstsein, denn ich wusste die religiösen Traditionen mit allen großen Religionsstiftern hinter mir. Inzwischen hat das Bewusstsein um die segensreiche Wirkung des Fastens, gleichsam als Jungbrunnen für das Immunsystem, eine gewaltige gesellschaftliche Relevanz erlangt. Das geschah vor allem durch Forschungsergebnisse der Professoren Valter Longo, Andreas Michalsen, Mark Mattson, Volker Hauke von der Uni Stockholm und des Japaners Yoshinori Ohsumi, der 2016 sogar den Nobelpreis für Medizin erhielt, und vielen anderen. Das erfüllt mich mit Befriedigung und Hoffnung und macht mir die Verbreitung des Fastens, etwa über die Online-Schiene der LebensWandelSchule so viel leichter.

PM: Wenn ich bedenke, dass das in Deutschland mit einem kleinen grünen Buch im Urania Verlag angefangen hat. Das ist jetzt fast vierzig Jahre her!

RD: Also wenn damit mein erstes Buch *Bewusst Fasten* gemeint ist, dann ist es schon eine beeindruckende Veränderung, die ich da miterleben durfte. Aber es waren natürlich vor allem Otto Buchinger und die Fastenärzte seiner Familie sowie die anderen großen Förderer des Fastens wie Lützner und Fahrner, die sich große Verdienste erworben haben, das Fasten bei uns am Leben zu halten. Schön ist auch, dass dafür beziehungsweise für die Erforschung der Autophagie – ein auch so komplizierter Ausdruck für etwas so Einfaches wie Fasten – sogar der Medizin-Nobelpreis verliehen wurde. Ich glaube, die Zeit ist wirklich reif für Fasten und insgesamt eine neue Sicht der Naturheilkunde. Sie ist mit dem fortschrittlichsten Welt- und Menschenbild vereinbar. Deswegen ist der wundervolle Bestseller von Andreas Michalsen zur Naturheilkunde so ein Segen und eine optimale Unterstützung in jenem Kampf, den die Verfechter der Naturheilkunde zurzeit gegen die breite Front aus Pharmaindustrie, Skeptikern und Politikern zu führen haben. Dass Michalsens Buch solch ein Bestseller wurde, zeigt auch einmal mehr, wie tief die Naturheilkunde in der Bevölkerung verankert und wie groß der Wunsch der Patienten danach ist.

Auch der „demokratische Volksaufstand" der Schweizer Bevölkerung für die Naturheilverfahren und gegen das obige Dreigestirn lässt diesbezüglich hoffen. Selbst in Deutschland will laut Umfragen ein großer Teil der Menschen – eine Umfrage kam schon vor Jahren auf fast 80% – naturheilkundlich behandelt werden, nur bekommt diese Mehrheit gegen die Geld-Allianz aus Industrie und gesponserten Verbündeten aus Verbänden und Politik hier keine Chance, was die Bevölkerung aber zunehmend frustriert und ungehalten macht. Immer mehr haben das Vertrauen in diese Politik verloren und fühlen ihre Interessen missachtet. Das spiegelt sich in Politik-Verdrossenheit und wachsenden Protest-Stimmen. Lobbyisten in der Regierung sind da keine gute Antwort. Das Ergebnis ist der wohlverdiente Niedergang der ehemaligen Volksparteien und auch der ehemals großen Medien. Aber selbst bei denen, wie etwa der Süddeutschen, gibt es immerhin schon vereinzelt Spuren von Erwachen und einzelne gegenüber Fehlentwicklungen der Schulmedizin kritische Artikel.

• • •

PM: Der weitsichtige Physiker David Bohm hat einmal den Satz gesagt: „Materie ist gefrorener Geist." Könnte

Geistheilung ein Weg sein, um diesen „gefrorenen Geist" wieder zu befreien?

RD: Bohms quantenphysikalischer Ansatz ist für mich nicht gerade leicht zu verstehen. Er hat ja sogar einmal versucht, eine dem archetypisch weiblichen Pol verpflichtete Sprache zu entwickeln, die sich natürlich damals noch nicht durchsetzen konnte. Ich finde seinen Satz aber spannend und kann diesen Gedanken gut nachvollziehen. Es erinnert mich an das Johannes-Evangelium: „Am Anfang war das Wort, und das Wort war bei Gott." und dann später: „Das Wort ward Fleisch." Das ist der Inkarnationsprozess, der gefrorene oder in Materie geronnene Geist. Materie ist demnach eine Ausdrucksform von Geist. Max Planck dachte in dieselbe Richtung. Letztlich kamen alle großen Naturwissenschaftler zur gleichen oder einer zumindest weitgehend ähnlichen Ein-sicht. Am Ende des Prozesses stößt man auf die Einheit, auf Gott.

Aber Geistheilung ist natürlich ein noch umstrittenerer Bereich. Kürzlich musste ich mich in einer Sendung des ORF zu diesem Thema gleich gegen drei wirklich ausgesucht einseitig feindselig eingestellte Gegner und zwei parteiische Moderatoren wehren. Mit dem Ausdruck öffentlich-rechtlich tue ich mich da schon länger schwer – hier war es eher offensichtlich öffentlich-unrechtlich. Immerhin haben über 100 000 ZuseherInnen das zu 99% ebenfalls als unfair, unkorrekt und schlechten Journalismus empfunden. Beim Titel sollte es um Wunderheiler gehen, das kam aber vor lauter Hetze gegen Wunderheiler und Energetiker, von denen jedoch keiner eingeladen war, gar nicht zur Sprache. Erstaunlich immerhin, was sich der ORF da leistete in einem so christlich-katholischen Land. Immerhin hat doch Jesus Christus, der Schöpfer unserer Religion, selbst viele Heilungs-Wunder gewirkt. Man hätte doch auch fair über diese Möglichkeit sprechen können.

Persönlich halte ich Geistheilung von in dieser Hinsicht wirklich begabten Menschen für eine große Bereicherung der Medizin. Im Heilkunde-Zentrum in Johanniskirchen habe ich das auch praktisch so erlebt, wo großartige Schatten-Psychotherapeuten seit Jahrzehnten mit dem schon erwähnten russischen Heiler erfolgreich zusammenarbeiten. In der Schweiz habe ich das ebenfalls öfter und mit viel weniger Vorurteilen belastet erlebt, wo Uni-Professoren und Chefärzte problemlos mit GeistheilerInnen kooperierten.

• • •

PM: Wenn wir im christlichen Umfeld bleiben, dann muss man im Zusammenhang mit Heilung auf die Vorstellung der göttlichen Gnade kommen. Ist Karma nicht die Gnade der wiederholten Gelegenheit?

RD: Das ließe sich so sagen, ja. Ich verwende in diesem Zusammenhang gerne den Ausdruck „Reife". Du musst dich „reif machen", damit Heilung geschehen kann. Die beiden Begriffe Karma und Gnade sind für mich nicht wirklich ein Widerspruch. Das Karma macht uns reif für die Gnade, so habe ich es zumindest in der Schattentherapie erlebt. Wir hatten das ja schon bei dem Spruch des Chors in Goethes Faust „Nur wer strebend sich bemüht, den können wir erlösen."

Das spielt in den Zusammenhang hinein, den wir schon angesprochen haben – eigenes Bemühen und Geschehen-lassen sind gleichermaßen notwendig. Es geht letztlich immer um beides! Ken Wilber hat einmal, im Zusammenhang mit dem Tod seiner Frau, in einem Buch von „Mut und Gnade" gesprochen. Das fand ich ebenfalls beeindruckend. Letztlich sind auch Freiheit und Determinismus kein Widerspruch, wenn wir sie richtig verstehen. Beide finden ihre Synthese im Bewusstsein.

Durch die Erfahrungen mit der Reinkarnationstherapie ist mir sehr bewusst geworden, dass viele scheinbare Widersprüche nur auf der Zeitschiene existieren. Wenn wir vorwärts leben, muss es so aussehen, als seien wir vollkommen frei. Die Vorstellung von Kismet und Vorherbestimmung lehnen die meisten westlichen Menschen ab. Wir gewinnen Freiheit aus Erfahrung. So fassen wir nicht mit nassen Fingern in eine Steckdose – dazu sind wir mit der Zeit zu gescheit geworden. Wenn wir allerdings zurückschauen – und da schließe ich mich ein – stellen wir fest, welch weise Vorsehung doch in allem waltet. Dann sieht es aus wie Bestimmung. Was sein *soll*, das wird auch geschehen. Und das steht nicht im Widerspruch zu unserer Freiheit. Wahrscheinlich ist unser begrenztes menschliches Bewusstsein einfach nicht ausreichend weit genug, um Freiheit und Vorsehung in ihrer ganzen Größe zu erfassen.

Wenn man auf die Gefühle schaut, die das Handeln meist bestimmen, wie schnell, vergänglich und oberflächlich sind sie doch? Indem sie unser Handeln prägen, führen sie zum Festhalten. Festhalten, was ist. Es geht aber im Leben eher ums Loslassen, das Mitfließen mit dem großen Fluss des Lebens. Sind wir dann irgendwann angekommen, betrachten wir die eigenen Entscheidungen etwas modifizierter. Die Freiheit des Eigenwillens, wenn sie sich vollkommen durchgesetzt hätte, wäre möglicherweise keine so gute Geschichte gewesen. Wenn ich an meine eigene Sozialisation in Bayern denke und meine Leidenschaft für das Skifahren, dann wird mir ganz anders bei dem Gedanken, dass ich ganz darauf setzen wollte und schlechteren Falls heute vielleicht eine Ski-Schule leiten würde oder eine überalterte Werbefläche wäre. Es ging aber zum Glück nicht nach meinem Kopf, sondern ich habe mir in anderthalb Jahren *glücklicherweise* dreimal die Knochen gebrochen – und das hat meine Ski-Ambitionen beendet. Wäre ich nicht so spät, aber doch noch rechtzeitig zur Einsicht gekommen, hätte ich vermutlich noch einige weitere Unfälle gebraucht. Ich hätte es aber auch nach dem ersten Unfall schon begreifen können. Diese Erkenntnis versuche ich heute über *Krankheit als Symbol* zu verbreiten.

Aus der Rückschau wirkt vieles vielleicht deterministisch; ich würde dabei aber eher und lieber von „weiser Lenkung" sprechen. Wunderbar formulierte Mark Twain einmal: „Mit vierzehn schämte ich mich entsetzlich für meinen extrem peinlichen Vater. Mit einundzwanzig staunte ich dann aber doch, wie viel Fortschritte der alte Mann in nur sieben Jahren gemacht hatte."

PM: Bei dieser Geschichte kam mir der Gedanke des weisen alten Parmenides in den Sinn: „Dasselbe sind Denken und Sein." Oder wie es der Wiener Physiker Zeilinger in der Quantenphysik ausdrückt: „Das Bewusstsein beeinflusst die Realität." Immer ist der eigene Geist der entscheidende Faktor.

RD: Davon bin heute mehr denn je überzeugt. Deswegen gibt es zwischen Freiheit und Vorbestimmung für mich auch nicht wirklich einen Widerspruch. Ich würde – wie ja schon getan – Kierkegaard zitieren: „Du musst dein Leben vorwärts leben, aber kannst es nur rückwärts verstehen!" Damit es gelingt, vorwärts zu leben, muss man sich frei entscheiden können. Nach bestem Wissen und Gewissen. Es geht dabei auch um Grundvertrauen in die Weisheit des Lebens.

• • •

PM: In den vielen Jahren, in denen wir uns mit Heilung beschäftigen, ist immer wieder die Frage von Diagnose und Prognose in den Blickwinkel geraten. Wenn der Geist im Heilungsgeschehen eine entscheidende Rolle spielt, dann kommt jeder gesprochenen Silbe im Behandlungszimmer des Arztes gleichsam 'magische' Bedeutung zu.

RD: Das ist tatsächlich ein entscheidender und oft magischer Moment. Die Schulmedizin hat von Meta-Kommunikation leider noch nicht viel verstanden, wir haben im Studium davon gar nichts gelernt. Viele Mediziner wissen einfach nicht, was in ihren Patienten geschieht, wenn sie sich ein Röntgenbild anschauen und dabei die Augenbrauen hochziehen oder die Stirn runzeln. Das habe ich oft selbst erlebt. „Woher wissen Sie denn, dass es so schlimm mit Ihnen steht?", fragte ich einen verängstigten Patienten „Na ja, der Doktor hat so besorgt geschaut!" Oft waren die Befunde dann aber gar nicht so schlimm.

Das sind alles offensichtliche Behandlungssituationen, aus denen wir lernen könnten. Dafür gibt es sogar Ausbildungen. Solch fehlerhaftes Verhalten kann schreckliche, weil un-heilsame Prozesse auslösen. Insofern lässt sich von einer „magischen Situation" sprechen, weil es im Sprechzimmer des Arztes um Rituale geht, deren Einfluss wir noch gar nicht ganz erfassen, wo lediglich bei den erwähnten Placebo-Ergebnissen etwas durchblitzt.

Kaum fühlt die Patientin einen Knoten in der Brust oder eine Schwellung im Unterleib, geht sie oft vor lauter Angst gar nicht zum Arzt. Ich schicke heute immer wieder nach Vorträgen „PatientInnen", die sich bei gravierenden Befunden auf Affirmationen und Reiki verlassen, zu Schulmedizinern für eine ordentliche Diagnostik. Inzwischen bin ich fast ein Spezialist, ihnen die Angst vor der sogenannten „Röhre", dem CT oder MRT, zu nehmen und erkläre gebetsmühlenartig, was für sichere Diagnostik eine harmlose Blutentnahme und das entsprechende Laborergebnis ermöglicht. Die Verunsicherung vieler

Kranker ist inzwischen groß und gefährlich. Leider trägt die Schulmedizin viel dazu bei; denn Vater Staat und die Mainstream-Medien sind ja voll auf ihrer Seite. Es ist aber die „Mund-zu-Mund-Propaganda" von Menschen mit schlechten Erfahrungen, die das bewirkt.

Zurück zu unserer Patientin, die schließlich doch beim Hausarzt landet. Der findet nichts Verlässliches und schickt sie weiter zum Gynäkologen und der zum Radiologen. Inzwischen baut sich in ihr eine ständig wachsende Spannung auf. Dann wird hier und dort untersucht; hier und dort punktiert. Vieles wahrscheinlich unnötig, wie sich immer mehr zeigt. Und die Patientin verharrt in einer angsterfüllten Warteschleife. Endlich kommt es zur alles entscheidenden Sitzung im Sprechzimmer – und da sitzt dann jemand, der wie Gott über Leben und Tod entscheidet. Ich möchte gar nicht thematisieren, wie viel unbewusster Machtmissbrauch dabei geschieht. Da fallen Worte, die anschließend in einer sich selbst erfüllenden Prophezeiung durch das Bewusstsein der Patientin geistern. Dieser Situation habe ich in meinem letzten Buch *Krebs – Wachstum auf Abwegen* ein ganzes Kapitel gewidmet, in der Hoffnung, da etwas zu verändern.

Man müsste endlich erkennen, was alles nicht zusammenpasst: Da werden Leute operiert, denen gibt man noch eine Lebensdauer von höchstens zwei – und dann leben sie noch siebzehn Jahre. Andere wiederum werden erfolgreich operiert und könnten aus schulmedizinischer Sicht munter weiterleben, sind aber ein Jahr später tot. Da sind offenbar andere, seelische Faktoren mit einzubeziehen. Aus dieser Erkenntnis ist der Radiologe Carl Simonton zum Psychoonkologen geworden. Hier lässt sich aber auch die Wirkung von Bert Hellingers „Geschichten, die heilen" einordnen. Wer als Therapeut Glaubwürdigkeit hat, kann auch die Botschaft der Heilung glaubwürdig transportieren, und das ist so oft entscheidend. Wo es gelingt, heilt die GESCHICHTE tatsächlich. Unabhängig davon, wie die Prognose aus schulmedizinischer Sicht ausgesehen hat. Es ist unter diesem Gesichtspunkt wirklich unverantwortlich, den Teufel an die Wand zu malen, wie es so oft geschieht. In *Krebs – Wachstum auf Abwegen* habe ich deshalb auch ein eigenes Kapitel über Spontanremissionen, wie die Schulmedizin schamhaft Wunder nennt, geschrieben. Prof. Walter Gallmeier, der erste, der sich in Deutschland Wundern wissenschaftlich zuwandte, sagte nach einiger Zeit: „Ein Arzt, der nicht an Wunder glaubt, ist kein Realist."

Wenn man die geistigen Gesetze verstanden hat, sind auch Spontanheilungen keine Wunder mehr. Es müssen bestimmte Gesetzmäßigkeiten auf vollkommene Weise zusammenspielen, damit sie geschehen können. Auch das ist heute schon ganz gut untersucht und im erwähnten Buchkapitel ausführlich dargestellt. Persönlich habe ich in meinen guten vierzig Arztjahren viel mehr Wunder oder eben Spontanremissionen erlebt, als mir statistisch zustehen würden – wohl weil ich auf christlicher Grundlage Wunder immer für möglich hielt und weiter halte. Ich empfand es auch immer als Gnade, sie miterleben zu dürfen.

• • •

PM: Es gibt den berühmten Satz von Krishnamurti: „Die Wahrheit ist ein pfadloses Land." Da geht es um den Mut zum eigenen Weg, um die persönliche Sinnfindung. Welche Rolle spielt diese „Sinnfindung", der Lebenssinn, für die Gesundwerdung?

RD: Eine zentrale Rolle. Ich bin mir ganz sicher, dass diese Frage gerade bei existenziell bedrohlichen Krankheiten von entscheidender Bedeutung ist. Bei kleinen Verletzungen oder Alltagswehwehchen spielt sie keine besondere Rolle. Die Suche nach dem Sinn ist vielleicht unsere größte Lern- und Lebensaufgabe. Buddhisten sagen, es gebe so viele Wege wie Menschen. Das zielt in die gleiche Richtung wie Krishnamurti. Bedenklich wird es nur, wenn *nur der* *eine Weg* propagiert würde, was Krishnamurti auch immer peinlichst vermieden hat. Da kämen wir dann in den Bereich des Sekten-Themas; genau davor hat Krishnamurti ja immer wieder gewarnt.

Wer Mandalas ernst nimmt, wie Hindus oder Tibeter, sieht da aus jeder Himmelsrichtung Eingänge in Richtung Mitte. Du kannst also von jeder Seite kommen. Dieses Weltbild steht mir deutlich näher als die evangelisch-katholische Auffassung: Wir haben die Wahrheit – du kannst nur mit uns den Weg ins Himmelreich finden. Meine Erfahrungen legen eher vom Gegenteil Zeugnis ab. Der Gedanke der „Erleuchtung" oder Befreiung spielt im Christentum eher eine nachrangige Rolle. Wobei das Himmelreich in sich zu entdecken, Christus in seinem Herzen zu finden, ins Paradies zurückzukehren, wohl letztlich das Gleiche meint.

Hinduismus und Buddhismus haben sich nur ungleich mehr auf diese letzten Schritte auf dem Entwicklungsweg eingelassen.

PM: Der Prozesscharakter, das Dynamische, spielt das nicht auch bei der Heilung eine Rolle?

RD: Wir müssen vor allem immer unsere Begrenztheit berücksichtigen. Ich kann mir ein Krankheitsbild anschauen. Ich kann mit einiger Sicherheit vorhersagen, dass eine Hautproblematik durch Fasten und eine Ernährungsumstellung sich verbessern wird. Auch bei Rheuma kann ich relativ sichere Vorhersagen machen. Aber ich weiß nicht, was für ein geistiges Potenzial ein Mensch mitbringt. Er hat es in seiner eigenen Hand, seinen „Weg" zu finden; aber wie der aussieht, weiß vielleicht noch nicht einmal er selber. Das ist tatsächlich immer ein Prozess – und für den müssen wir uns auch Zeit nehmen. Nicht nur deren Quantität ist da wichtig, sondern vor allem auch der *Kairos*, die Qualität.

Insofern erwarte ich von TherapeutInnen, die diese Bezeichnung verdienen, dass sie ihre PatientInnen abholen, wo diese gerade sind, um sie dann in den Prozess der Entwicklung und Selbsterkenntnis einzufädeln, letztlich vom Ego zum Selbst.

• • •

PM: Werfen wir zum Abschluss noch einmal einen Blick auf das Thema Bewusstsein. Wir haben zwei Schweizer Autoren in unserem Verlag, die beide wegweisende Bücher zum Thema Heilung verfasst haben. Die schon erwähnte Heilerin Renée Bonanomi schrieb einmal: „Solange ein Mensch sein Bewusstsein nicht verändert, kann er nicht wirklich geheilt werden." Und bei Peter Allmend heißt es:

„Der Mensch ist aus der wahren Ordnung der Schöpfung herausgefallen, und die Unordnung führt zu Disharmonie, die dann wiederum Krankheit auslöst. Heilung heißt also: Rückkehr in die ewige Ordnung des Lebens." Ist wahre, nachhaltige Heilung also die Wiederherstellung einer inneren oder einer kosmischen Ordnung?

RD: Ich kann mit beiden Aussagen gut konform gehen. Es spricht alles dafür, dass der Satz von Renée Bonanomi zutreffend ist. Du kannst Symptome unterdrücken, das macht die Schulmedizin ja für dich, da musst du nichts beitragen; aber du bist dadurch nicht geheilt. Heilung bedeutet, etwas Fehlendes zu integrieren. Nach einer echten Heilung bist du ein Stück vollständiger, vollkommener und auch heller im Hinblick auf dein Bewusstsein. Diese Integration geht natürlich ausschließlich über Bewusstsein. Deswegen fragen wir Ärzte auch: „Was fehlt Ihnen?" Der Patient antwortet mit dem, was er hat, und daraus sollten wir dann das Fehlende beziehungsweise in seine destruktive Seite gerutschte Ur- oder Lebensprinzip herauslesen und dem Betroffenen helfen, es auf die konstruktive Seite zu wandeln. Wenn jemand ständig wiederkehrende Entzündungen hat, sollten wir darin Kampf und Krieg auf der Körperbühne erkennen und damit das 1. Lebensprinzip der Aggression. Das hat aber nicht nur diese destruktive Kriegsebene, sondern auch die konstruktive von Mut und Entscheidungsfähigkeit, von Courage und Konfrontationsbereitschaft; die Fähigkeit, die heißen Eisen anzupacken, das Leben in Angriff zu nehmen. Zu diesen letzten Themen sollten wir ihm also raten und dazu verhelfen, sie im wahrsten Sinne des Wortes in *Angriff* zu nehmen.

Der Satz von Allmend erinnert mich an Paracelsus. Therapeuten sollten ihren PatientInnen und eigentlich allen Menschen immer wieder klarmachen, dass wir im Kosmos leben, nicht im Chaos, was ja selbst die Chaos-Forschung belegt. Im Bewusstsein von „Kosmos" verstehen wir die Spielregeln des Lebens und erkennen sie als die grundlegenden *Schicksalsgesetze*. Über die Schwierigkeiten, die Probleme und Symptome, lernen wir, wo wir und in welcher Hinsicht aus der Ordnung und dem *Schattenprinzip* zum Opfer gefallen sind. Insofern ist der Schatten unser Schatz, über sein Verständnis können wir zurück in unsere Mitte und die große Ordnung finden.

Aber der Schlüssel für all das liegt, wie Frau Bonanomi sagt, im eigenen Bewusstsein.

PM: Es gibt ja einen amerikanischen Kollegen, Larry Dossey, der war für eine ganzheitliche Medizin in den USA vergleichbar einflussreich. Für Dossey war die Vorstellung von „Nichtlokalität", ein zentraler Begriff aus der Quantenphysik, ein wichtiger Schlüssel in seinem Denken. Nichtlokalität scheint auch den alten Satz zu bestätigen, wonach alles mit allem verbunden ist. Dossey sagt: „Wenn das nichtlokale Band zwischen Menschen wirkt, nennen wir es Liebe." Ist der Gedanke von Nichtlokalität vielleicht auch ein mögliches Konzept, um den Austausch von Heilkräften zwischen Menschen zu verstehen?

RD: Auch das erinnert mich an Paracelsus. Er hat schon gesagt: „Die erste Arznei für die Menschen ist nicht das, was die Zähne beißen, sondern die Liebe."

Und die Nichtlokalität ist auf physikalischer Ebene mit der Heisenbergschen Unschärfe-Relation bewiesen.

Natürlich ist Therapie, vor allem wenn es auch Körpertherapie oder Massage ist, ein Austausch von liebevollen Energien. Zumindest sollte es im Idealfall so sein. Andererseits dürfen wir Masseure und Physiotherapeuten diesbezüglich nicht überfordern und zu reinen Botschaftern der Liebe machen; und vor allem darf sie sich keinesfalls auf die körperliche Ebene beschränken, im therapeutischen Fall ist diese Ebene ja sogar ausdrücklich verboten. Aber ganz ohne jeden Zweifel ist es eine völlig andere Behandlung, wenn die behandelnde Person mit Liebe und Hingabe ihrer Berufung nachgeht.

Also natürlich ist Liebe der Schlüssel; aber wir müssen dieses oft missbrauchte Wort auch richtig oder breit genug verstehen.

Die Griechen hatten für Liebe noch drei Begriffe: Eros, Agape und Philia. Heute ist dieses differenzierte Verständnis einer völlig profanen Sicht zum Opfer gefallen. Eigentlich bedarf die Liebe einer Neuentdeckung! *Eros* bietet die Chance, im Orgasmus die Polarität durch eine Einheitserfahrung für bezaubernde Augenblicke zu überwinden. *Philia* ist die Freundschaftsliebe, die wir im christlichen Sinne von Nächstenliebe üben können. *Agape* schließlich ist die Gottesliebe, die wir als Elternliebe üben können, die alles gibt, aber nichts erwartet.

PM: Krishnamurti hat einmal sehr tiefsinnig gesagt: „Wo Liebe ist, kann Leid nicht sein."

RD: Das ist einer seiner wunderbaren Sätze. Aber wie sieht die gesellschaftliche Realität aus? Ich möchte nicht die Frage diskutieren, für wie viele Krankheitsbilder Eifersucht oder Habsucht Verantwortung tragen. Wir können uns vielleicht darauf verständigen, dass wir alle noch auf dem Weg sind, um das zu verwirklichen, was er und wir hier LIEBE genannt haben. Sie bleibt unsere größte Aufgabe.

Veröffentlichungen von Ruediger Dahlke

Neuerscheinungen: Mein Weg-Weiser: Herzlich lade ich zum gratis E-Book *Mein Weg-Weiser* (www.dahlke. at) ein. Darin erkläre ich, wie es zu viel-und-siebzig Büchern kam und die Schattenseiten der Fülle – und auch warum ich so gern weiterschreibe. Es enthält auch Tipps und Bilder von meinem Weg.

Neuerscheinungen 2020: Welchen Körper braucht meine Seele? Wege zum Individualgewicht (Goldmann-Arkana) • Peace Food: Das Healing Kochbuch für die ganze Familie (GU) • Menschliche Medizin (Crotona) • *Gesundheits-Tipps 2.0*

Neuerscheinungen 2019: Krebs – Wachstum auf Abwegen (Goldmann Arkana) • Jetzt einfach Atmen (ZS); • Das große Peacefood-Buch (GU) • Körper – Geist – Seelen – Detox (Goldmann Arkana)

Neuerscheinungen 2018: Das Alter als Geschenk (Goldmann Arkana) • Die Hollywood-Therapie – was Filme über uns verraten (mit M. Dahlke), Edition Einblick. (www.heilkundeinstitut.at) • Die Peacefood – Keto – Kur (GU) • Jetzt einfach meditieren (ZS) • Kurzzeit-Fasten (Südwest)

Grundlagenwerke: Die Schicksalsgesetze – Spielregeln fürs Leben, 2009 • Das Schattenprinzip: Die Aussöhnung mit unserer verborgenen Seite, 2010 • Die Lebensprinzipien: Wege zu Selbsterkenntnis, Vorbeugung und Heilung (mit Margit Dahlke), 2011 (alle Goldmann Arkana)

Krankheitsdeutung und Heilung: Krankheit als Symbol (Bertelsmann) 2014 • Angstfrei leben, 2013 • Wenn wir gegen uns selbst kämpfen, 2015 • Von der Schattenreise ins Licht: Depressionen überwinden, 2014 • Seeleninfarkt. Zwischen Burn-out und Bore-out, 2013 • Krankheit als Sprache der Seele, 2008 • Krankheit als Weg (mit T. Dethlefsen), 2000 • Frauen-Heil-Kunde (mit M. Dahlke und V. Zahn), 2003 • Krankheit als Sprache der Kinderseele, 2010 • Herz(ens)probleme, 2011 • Das Raucherbuch, 2011 (alle Goldmann Arkana) • Verdauungsprobleme, Knaur 2001

Weitere Deutungsbücher: Hör auf gegen die Wand zu laufen, Goldmann 2017 • Spuren der Seele (mit R. Fasel), GU 2010 • Der Körper als Spiegel der Seele, www.heilkundeinstitut.at, 2009 • Die Psychologie des Geldes, 2011 • Die 4 Seiten der Medaille (mit C. Hornik), 2015 • Tiere als Spiegel der menschlichen Seele (mit I. Baumgartner) • Omega – im inneren Reichtum ankommen, (mit V. Lindau) 2017 (alle Goldmann)

Krisenbewältigung: Die Liste vor der Kiste (Terzium) 2014 • Von der großen Verwandlung, (Crotona) 2011 • Lebenskrisen als Entwicklungschancen • Wenn Sex und Liebe sich wieder finden, 2017 (beide Goldmann-Arkana)

Gesundheit und Ernährung: Peacefood (GU) 2011 • Geheimnis der Lebensenergie, 2015 • Das Lebensenergie-Kochbuch: Vegan und glutenfrei (beide Goldmann Arkana) • Peace Food – das vegane Kochbuch, 2011 • Vegan für Einsteiger, 2014 • Peace Food – vegan einfach schnell, 2015 (alle GU) • Vegan – ist das ansteckend? (Urania) • Vegan schlank, (www.heilkundeinstitut.at) 2015 • Peacefood-Ketokur, 2018 GU

Wieder richtig schlafen, 2014 • Notfallapotheke für die Seele (beide Goldmann) 2020 • Die wunderbare Heilkraft des Atmens (mit A. Neumann), Heyne 2009 • Störfelder und Kraftplätze (Crotona) 2013

Fasten Das große Buch vom Fasten, 2019 (Goldmann-Arkana) • Jetzt einfach Fasten, 2017 (ZS) • Fasten-Wandern (Droemer Knaur) 2017 • Bewusst Fasten, 2016 (Urania) • Ganzheitliche Wege zu ansteckender Gesundheit, 2011 • Das kleine Buch vom Fasten 2011 (beide www.heilkundeinstitut.at)

Meditation und Mandala Mandalas der Welt (Goldmann) 2012 • Schwebend die Leichtigkeit des Seins erleben 2012 • Arbeitsbuch Mandala-Therapie, 2010 • Mandala-Block, 1984 • Worte der Weisheit (alle www.heilkundeinstitut.at) • Weisheitsworte der Seele, 2012 • Die Kraft der vier Elemente (mit Bruno Blums Bildern), 2011 (beide Crotona)

Roman: Habakuck und Hibbelig – das Märchen von der Welt, Allegria 2004

Audios von Ruediger Dahlke: Geführte Meditationen
(CDs: www.heilkundeinstitut.at – Downloads: Arkana Audio)
Grundlagen: Das Gesetz der Polarität • Das Gesetz der Anziehung • Das Bewusstseinsfeld • Die Lebensprinzipien – 12 CD-Set • Die 4 Elemente • Elemente-Rituale • Schattenarbeit

Krankheitsbilder: Allergien • Angstfrei leben • Ärger und Wut • Depression • Die Wege des Weiblichen • Hautprobleme • Herzensprobleme • Kopfschmerzen • Krebs • Leberprobleme • Mein Idealgewicht • Niedriger Blutdruck • Rauchen • Rückenprobleme • Schlafprobleme • Sucht und Suche • Tinnitus und Gehörschäden • Verdauungsprobleme • Vom Stress zur Lebensfreude

Allgemeine Themen: Der innere Arzt • Heilungsrituale • Ganz entspannt • Tiefenentspannung • Energie-Arbeit • Entgiften – Entschlacken – Loslassen • Bewusst fasten • Den Tag beginnen • Lebenskrisen als Entwicklungschancen • Partnerbeziehungen • Schwangerschaft und Geburt • Selbstliebe • Selbstheilung • Traumreisen • Mandalas • Naturmeditation • Die Lebensaufgabe finden

7 Morgenmeditationen • Die Leichtigkeit des Schwebens • Die Psychologie des Geldes (Übungen) • Die Notfallapotheke für die Seele (Übungen) • Die Heilkraft des Verzeihens • Eine Reise nach innen • Erquickendes Abschalten mittags und abends • Schutzengel-Meditationen

Hörbücher – Filme: Krankheit als Weg • Omega • Fasten-Wandern • Körper als Spiegel der Seele • Von der großen Verwandlung • Die Spuren der Seele – was Hand und Fuß über uns verraten • Krankheit als Chance (alle: www.heilkundeinstitut.at)

Vorträge von R. Dahlke auf CD: erhältlich unter www.heilkundeinstitut.at (die Buchthemen)

Filme über Ruediger Dahlke: Die Schicksalsgesetze – auf der Suche nach dem Masterplan, Arenico 2014 • Unser Biogarten • Ruediger Dahlke – ein Leben für die Gesundheit (2 DVDs)

ADRESSEN:
Für Informationen zu Seminaren, Ausbildungen, Trainings, Vorträgen
www.dahlke.at

Seminar- und Gesundheits-Zentrum TamanGa
www.tamanga.at
Labitschberg 4, A-8462 Gamlitz, www.taman-ga.at, (25 Minuten vom Airport Graz): Fasten- und Fastenwander-Wochen mit Ruediger Dahlke, TamanGa-Natur-Kur und Regenerations-Ferien für Gruppen und Einzelgäste;

Internet
www.dahlke.at; E-Mail: info@dahlke.at

Für Psychotherapien:
Heil-Kunde-Zentrum Johanniskirchen, Schornbach 22, D-84381 Johanniskirchen, Tel.: 0049 85 64-819, Fax: 0049 85 64-1429

Webshop Ruediger Dahlke
www.heilkundeinstitut.at (von Ruediger Dahlke empfohlene Bücher, Filme, CDs und Gesundheits-Produkte)

Internet-Community: www.lebenswandelschule.com